십자가에 달린 예수는 낯선 이가 아니다

혐오의 시대에 십자가를 마주한다는 것의 의미

세바스천 무어 지음·권헌일 옮김

The Crucified Jesus Is No Stranger

십자가에 달린 예수는 낯선 이가 아니다

혐오의 시대에 십자가를 마주한다는 것의 의미

세바스천 무어 지음 · 권헌일 옮김

| 차례 |

일러두기

· 역자 주석의 경우 * 표시를 해 두었습니다.

· 성서 구절의 경우 「공동번역 개정판」(1999)을 인용하는 것을 원칙으로 했으나 원문과 지나치게 차이가 있을 경우 대한성서공회판 「새번역」(1999)을 참고하거나 역자가 본문에서 직접 옮겼음을 밝힙니다.

서론

저는 수년 동안 그리스도론에 특별한 관심을 기울여 왔고 언제나 예수와 문화 사이의 대조를 강력하게 의식해 왔습니다. 제 눈에는 신학의 영역에서든 대중의 영역에서든 그리스도교가 만들어 낸 온갖 담론들이 이 대조를 희미하게 만드는 것 같아 보였고, 두 가지를 동시에 취하려고 하는 듯했습니다. 한편으로는 세상을 송두리째 뒤집어 놓는 예수를 예배한다고 하면서도 정작 그 예수를 낡은 질서가 지배하는 세상 한복판에 잡아 두는 모순을 범하는 것 같아 보였지요. 저는 예수에게 자신을 바쳤기에 사회의 규범과 기대로부터 엇나가고 세상과 불화할 수밖에 없었던, 소수의 용기 있는 사람들에게 마음이 끌렸습니다. 바로 그러한 충돌의 현장에서 새로운 그리스도론, 선명한 '대조의 그리스도론'Christology of contrast이 탄생했기 때문이지요. 저는 대조를 통해 예수에게 여러 이름을 부여했습니다. 그중에 어떤 호칭은 분명하게 쓴 적도 있고, 어떤 호칭은 암시만 남기기도 했습니다. "도전하는 자", "질문하는 자", "외부인", "예언자", "시인", "혁명가", "저항자"... 그러다 저는 그토록 뼛속 깊이 느껴 왔던 예수와 '정상성' 사이의 거대한 대조가 그에게 더 신비로운 이름 하나를 준다는 사실을 깨달았습니다. 오래도록 제가 거부해 왔던 호칭, 바로 "희생자"victim였습니다. 그리고 모든 것이 달라졌습니다.

기억 하나가 떠올랐습니다. 오래전 친구들과 로마 근교에 있는 시골 교회를 찾은 적이 있습니다. 그날은 지극히 거룩하신 예수 성심 대축일이었고, 교회에는 저녁 기도의 첫 찬가가 울려 퍼지고 있었습니다.

군사 하나가 창으로 그분의 옆구리를 찌르자,

피와 물이 흘러나왔다.

복잡한 개념과 씨름하기를 멈춘 마음 한편, 그 고요한 곳에

파문이 일었습니다. 모든 비밀이 바로 저 노래에 담겨 있었습니다. 적대하고 공격하는 행위, 곧 인간의 죄가 도리어 은총의 물줄기를 터뜨려 흐르게 했습니다. 진리를 응축하고 있는 이 상징, 이 온전한 관점을 저는 생생하게 체험하고 영혼의 양식으로 삼았습니다. 안타깝게도 얼마 지나지 않아 깨달음을 놓쳤고 이후 15년 가까이 까맣게 잊고 살았지만 말이지요.

예수를 다른 무엇보다도 '희생자'로 보아야 함을 깨닫게 되자 둔중했던 지적 활동은 활력을 얻어 마침내 시골 교회에서 깨달음을 얻은 순간을 따라잡았고, 그 순간 속으로 휘말려 들어갔습니다. 지성을 사용하는 작업은 무의미해지지 않았습니다. 도리어 한층 깊어졌지요. 세상 물정에 길든 인간이 새로운 인간의 가능성인 예수와 만났습니다. 그 만남의 한복판에는 뼈아픈 자책과 슬픔, 그리고 치유가 서로 엉겨 있었습니다. 이는 제 지성이 앓던 병이 낫는 과정이기도 했지요. '우리의 죄를 위해 죽임을 당하셨다'는 오래된 고백이 새로운 울림으로 다가왔습니다. 이제 그 말은 그리스도 사건에 구시대의 속죄 논리를 억지로 덧씌운 낡은 교리가 아니었습니다. 오히려 예수와 세상의 날카로운 차이가 품은 참된 의미 그 자체로 다가왔습니다. 제 사유에서 '구원하는 희생자로서의 예수'라는 언어가 죽음에서 부활했습니다. 그리고 제 그리스도교 지성도 함께 살아났습니다.

제 안에서 되살아난 가장 중요한 개념은 바로 죄sin였습니다. 이 또한 '희생자' 개념과 마찬가지로 수년 동안 쌓여 온 인간에 대한 통찰 안에서 새롭게 다가왔습니다. 저는 인간이라는 복잡한 현상 밑바닥에, 그리고 그 모든 것을 설명해 주는 자리에 어떤 무의식적인 거부가 도사리고 있음을 알게 되었습니다. 이로 인해 인간은 마땅히 나아가야 할 만남의 자리에 가지 않고 중도에 멈춰 서거나 뒷걸음질합니다. 그 뿌리가 무의식에 닿아 있기에 거부는 매우 강력합니다. 이 거부는 이름도 없고 어디에나 스며들어 있는 두려움을 동력으로 삼고 있습니다. 또한 너무나 강력해 모든 행위에 깊은 영향을 미치고 그 뿌리에 닿을 길이 요원하기에 이 거부를 움직이는 두려움조차 제 이름으로 불리지 않습니다. 그러면 자연스럽게 이런 물음이 떠오릅니다. '도대체 우리는 무엇을 거부하고 있는 걸까?' 하느님에 대한 순종을 거부하는 건 아닙니다. 우리가 진짜 거부하는 것은 하느님께서 우리에게 주시려는 어떤 충만한 생명입니다. 우리는 이를 너무나 두려워합니다. 저 충만한 생명은 우리가 감당하기 벅찬 인격이자 정체성, 그리고 자유입니다. 익명성 뒤에 숨어 죽은 듯 살고

폰 우리를 사정없이 흔들어 깨우는 우리의 참된 모습입니다. 더 나아가 이는 우리 자신의 근원입니다. 분명 '나'이지만, '자아'ego의 손쉬운 욕구를 채우느라 집요하게 외면해 온 '참된 나' 말이지요. 여기까지 생각이 이르자 이 모든 논의를 하나로 꿰어 줄 핵심 고리가 떠올랐습니다. 우리 각자가 두려워하면서도 갈망하는 이 자아, 인간 존재의 운명, 감당하기 벅찬 이 정체성과 자유(사실, 이 둘은 같습니다)를 상징하고 구현하는 대표자가 예수라면 어떠할까요? 그렇다면 예수의 십자가 처형은 인간이 자신의 참된 자아를 가장 극적으로 거부하는 사건이라 할 수 있습니다. 극은 두 가지 차원에서 전개됩니다. 하나는 역사적 사건의 차원입니다. 여기서 극은 가야파와 본티오 빌라도 같은 이들이 다스리는 '정상성의 인류'와 '참된 인간성'이 서로 충돌하는 모습으로 드러납니다. 다른 하나는 훨씬 더 중요한 차원으로, 믿는 이의 내면에서 일어나는 경험의 차원입니다. 십자가에 달린 예수와 마주한 신앙인들은 깨닫게 됩니다. 자기 삶을 짓누르던 모든 악의 실체가 무엇이었는지 말이지요. 그 악이란 십자가 위에서 구체적인 모습으로 나타난 '참된 나'를 내 손으로 파괴하려 드는 고집스러운 몸부림입니다. 이렇게 내면의 악이 정체를 드러내면 그 악은 하느님의 용서를 통해 녹아내립니다. 십자가는 바로 그 용서의 상징이자 성사가 되지요. 모든 상징은 변모를 일으킵니다. 십자가라는 상징은 막연했던 악을 구체적인 죄로, 그 죄를 슬픔과 용서로 변화시킵니다. 이 회심의 과정을 통해 신앙인은 처음에 거부했고 십자가에 못 박았던 그 정체성을 비로소 자신의 정체성으로 되찾습니다. 그는 '영광의 주님을 십자가에 못 박는 사람'에서 '그리스도와 함께 십자가에 못 박힌 사람'이 됩니다. 우리는 둘 사이를 끊임없이 오가며, 매 순간 전자에서 다시 후자로 넘어갑니다.

십자가에 달린 이, 십자가에 못 박히신 분은 악을 죄로, 죄를 은총으로 변모시키는 상징입니다. 병사가 창으로 옆구리를 찔렀을 때 새로운 생명의 물줄기가 쏟아져 나왔다는 통찰에는 이러한 사고 구조가 들어 있습니다. 로마인들에게 보낸 편지에 담긴 사도 바울의 위대한 사상에도 이러한 사고 구조가 들어 있습니다. 바울에게 죄란 아담 신화에서 볼 수 있듯 하느님에 대한 명백한 거부입니다. 하지만 역사에서, 예수가 희생자가 될 수밖에 없는 '문화'에서 죄는 은밀하게, 그리고 모든 곳에 스며들어 작동합니다. 바울은 이러한 죄가 율법을 통해 불완전하게 드러났으나 마침내 십자가에서 완전히 정체를 드러냈으며, 그렇게 드러남으로써 하느님의 사랑 안에서 녹아내린다고 보았습니다. 저는 비로소 다음의 성서 구절을 이해하게 되었습니다.

> 하느님께서는 죄를 모르시는 그리스도를 우리를 위하여 죄
> 로 만드시어, 우리가 그리스도 안에서 하느님의 의로움이
> 되게 하셨습니다. (2고린 5:21)

다음으로, 어니스트 베커Ernest Becker가 집필한『죽음의 부정』
The Denial of Death은 십자가가 극으로 보여 주고 또 해결해 주
는 악의 뿌리가 무엇인지 알려 주었습니다. 바울도 그 뿌리
가 깊다는 사실을 잘 알고 있었습니다. 즉, 십자가가 근본적
으로 다루는 악이 우리가 보통 '죄'로 경험하는 것, 곧 '자유
로운 선택'이라고 여기는 영역 너머에 있음을 알고 있었습니
다. 베커는 그 뿌리가 인간의 구성에, 인간이 (진화론에 비추어
봤을 때도 기이한 현상인) '의식 있는 동물'이라는 사실에 있음을
보여 주었습니다. 인간은 자신이 언제든 사라질 수 있는 덧
없는 존재임을 아는 동물입니다. 그래서 두려움에 질려 그
사실에서 등을 돌린 채 자신을 본뜬 우상의 심상을 쌓아 올
리지요. 베커는 피조물이라는 자신의 처지를 부정하는 데 인
간 악의 뿌리가 있다고, 이는 필연적이라고 말합니다. 그의
논의는 제가 지난 10년 동안 사로잡혔던 생각, 곧 인간은 인

간 이하의 존재이며 문화란 인간 이하의 상태라는 생각이 틀리지 않았음을 입증해 주었습니다. 베커는 이를 놀랍도록 단순하면서도 깊이 있게 보여 주었지요. 그리스도교는 하느님께서 그리스도를 통해 해결하시는 악이 인류 역사에서 피할 수 없는 단계였다는 통찰을 보여 주었습니다. 베커의 이론은 이 통찰을 인류학으로 뒷받침했지요. 악이란 하느님이라는 최종 의미를 향해 나아가는 과정에서 우리가 거쳐야만 하는 진통입니다. 의식은 있되 죽음 앞에 떨어야 하는 동물, 이 비통한 인간의 초상을 들여다보면서 저는 왜 인간에게 하느님이 필요한지에 대한 인류학적 근거를 찾았습니다. 하느님께서는 우리가 스스로는 감당할 수 없는 운명을 우리에게 주셨습니다. 우리는 오직 피와 슬픔, 용서와 다시 태어남이라는 영광스러운 신비를 통해서만 그 운명 안으로 들어갈 수 있습니다.

이어서 저는 십자가 처형이 인간의 악을 어떻게 해결하는지, 우리 내면에 있는 악이 죽음을 어떻게 왜곡하는지에 초점을 맞춰서 살펴보았습니다. 자기 자신만 중시하는 '자아'의 교만은 죽음을 생명 과정의 한 부분이 아니라 내가 쌓아 올린 업적의 파멸로 보게 만듭니다. 우리가 유일하게 중요하다고 믿는 그 업적 말이지요. 그러나 죄 없는 인간인 예수의 죽음은 이 비극적인 왜곡을 산산이 부수고 죽음에 담긴 더 깊은 의미를 드러냅니다. 죽음이란 아버지께로 돌아가는 사건입니다. 그러므로 회심한 이가 자신을 다져 나가기 위해 가장 먼저 해야 할 훈련은 주님의 죽음을 아버지께로 돌아가는 여정으로 찬미하는 일입니다. 그렇게 우리는 죽음을 비극으로만 바라보는 문화, 죄에 물든 문화에 정면으로 맞서는 전례를 거행합니다. 그리고 그리스도인으로서 누리는 자유를 확인합니다.

마지막으로, 저는 십자가에 달리신 분을 새로운 눈으로 바라보고, 기도하고, 그 통찰을 나누면서 그 안에 수행과 신비 체험을 아우르는 온전한 길이 담겨 있음을 알게 되었습니다. 고통 가운데 십자가에 달리신 예수를 바라보며 다음을 깨달아야 합니다. 우리는 늘 삶이 우리를 십자가에 못 박고 있다고 느끼지만, 실상은 그 반대입니다. 오히려 우리가 삶을 십자가에 못 박고 있습니다. 달리 말하면, 우리에게 주어진 삶을 거부하는 그 태도가 바로 예수를 십자가에 못 박는 행위입니다. 참된 십자가는 오직 하나뿐이며, 우리의 모든 십자가는 그 하나를 따라야 합니다. 이는 단순히 내 십자가를 지도록 도와 달라고 청하는 수준에 그칠 수 없습니다. 내 십자가를 뒤집어야 합니다. 예수를 못 박았던 우리는 못 박힌 자가 되어 그분의 십자가와 같아져야 합니다. 우리는 물어야 합니다.

누가 누구를 못 박고 있는가?
무엇이 무엇을 못 박고 있는가?

기도하는 마음으로 깊이 성찰하며 이 질문을 던지면 우리는 다른 사람과 나 자신을 '나'의 횡포에서 해방할 수 있습니다. 자, 이제 어떤 면에서, 여러분은 이 책을 다 읽었다고 할 수 있습니다. 그러나 이 책의 핵심 사유는 독자 한 사람 한 사람이 상상력을 발휘해 붙잡아야 합니다. 제가 그 사상을 발굴해 나가는 과정을 따라온다면 더 잘 붙잡을 수 있을 것입니다.

이 책은 저의 체험에 바탕을 두고 있습니다. 체험은 깔끔하지 않으며 빈틈도 많습니다. 제가 진실을 전하려다 제 자아가 끼어들어 내용을 말끔하고 빈틈없게 포장해 버리지는 않았는지 모르겠습니다. 강조하지만, 이 책은 일련의 암시일 뿐, 통째로 받아들여야 할 신학 체계가 아닙니다. 이 여정 중에 여러분은 분명 여러분만의, 그러므로 저와는 다른 내면의 움직임을 찾아낼 것이라 믿습니다. 어떤 면에서는 바로 그

움직임을 끌어내기 위해 이 책을 설계했다고도 할 수 있습니다. 영적인 삶에서 우리의 나태함을 깨우고 삶을 근본부터 바꾸는 통찰은 오직 하나, 스스로 발견한 진리뿐입니다. 그러니 즐거운 여정이 되기를 바랍니다.

끝으로 한 가지 덧붙입니다. 이 책은 제가 이냐시오 영신 수련을 지도하며 만난 몇몇 사람들과 함께 겪은 어떤 계시들이 없었다면 나오지 못했을 것입니다. 그들 덕분에 저는 하느님께서 예수 그리스도의 신비 안에서 사람들을 어떻게 이끄시는지 똑똑히 볼 수 있었습니다. 그 길을 보여 준 그들에게 깊은 감사를 전합니다.

제1부

십자가에 못 박히신 분

예수의 십자가 처형은 평소라면 우리 주변에서 일어나는
흔한 일로 여겼을 죽음을 우리 손으로 저지른 일로 만듭니다.

최악과 최선

누구도 자기 안에 있는 악이 어디에서 비롯되었는지 알지 못합니다. 악의 속성이 본래 그러하지요. 악의 시작을 알길이 없으니 그 끝인 죽음의 의미 역시 모호할 수밖에 없습니다. 우리에게 악이란 그 시작과 끝이 뒤섞인 혼란 그 자체입니다.

예수의 십자가 처형은 이 정체불명의 악을 의식의 수면위로 끌어올립니다. 어쩌다 닥쳐오는 죽음 대신 악이 불러일으킨 죽음이 그 자리에 들어섭니다. 신앙의 눈으로 이 사건을 바라보는 사람은 자기 안에 도사리고 있는 악의 기원을의식하게 됩니다. 그런데 여기에 놀라운 역설이 있습니다.

하느님께서 우리를 사랑하신다는 참된 확신은 곧 우리가 예수를 십자가에 못 박았다는 진실을 발견하는 바로 그 순간에 싹틉니다. 십자가 처형은 얼굴이 없었던 우리 내면의 악을 극drama으로 보여 줍니다. 악은 본성상 안개처럼 퍼져 있습니다. 인간 세상 어디에나 스며들어 있지요. 악은 가해자들 안에도 있고 희생자들 안에도 있습니다. 하지만 예수의 십자가 처형에서는 중대한 변화가 일어납니다.

(1) 강자든 약자든 모든 인간이 예외 없이 못 박는 자들로 드러납니다.

(2) 반면 십자가에 못 박힌 이에게는 아무런 악이 없습니다.

(3) 따라서 모든 악은 못 박는 자들 쪽에만 있습니다.

(4) 그리고 이 부분이 가장 이해하기 힘든 부분인데, 이렇게 못 박는 자들에게로 한정되어 있던 악은 인간의 내면에서 솟구쳐 나와 파괴적인 결말을 향해 치닫는 하나의 '행위'가 됩니다.

이제 악은 더는 분위기가 아니라 행위가 되었습니다. 우리가 어쩔 수 없이 속할 수밖에 없던, 일종의 환경이나 풍토와 같았던 악은 십자가에 못 박힌 죄 없는 이와 마주하는 이 경험을 거치며 우리의 인격적인 행위가 됩니다. 그리고 그 악의 원천은 바로 우리라는 사실이 드러납니다. 십자가에 달린 이 앞에서 우리는 자신의 최악을 알게 되고 동시에 처음으로 온전히 받아들여지는 경험을 합니다. 악이라는 샘은 의식할 수 있는 것이 되고 인격화됩니다.

예수의 십자가 처형은 평소라면 우리 주변에서 일어나는 흔한 일로 여겼을 죽음을 우리 손으로 저지른 일로 만듭니다. 우리가 우리 자신을 향해, 혹은 서로에게, 남의 손을 빌려 은밀하게 저질렀던 살인을 이제는 대낮의 밝은 빛 아래 행한 것입니다. 악의 상징에 불과했던 죽음은 이 특별한 사건을 통해 악에서 비롯된 눈에 보이는 결과물이 됩니다. 하느님의 사랑은 이렇게 현현합니다. 그분의 사랑은 우리의 악을 적나라하게 비춤으로써 그 악이 온전히 용서받았음을 의심할 여지 없이 믿게 합니다.

인간 마음 깊은 곳에는 이런 논리가 숨어 있습니다. 우리는 십자가에 달리신 분을 바라볼 때 비로소 사랑을 체험합니다. 우리 마음속에 '내가 저지른 악이 끔찍하면 끔찍할수록, 그런 나를 받아들이는 사랑은 더더욱 진짜다'라는 믿음의 법칙이 있기 때문입니다. 십자가는 이 법칙을 극한까지 지킨 사건입니다. 우리가 하느님을 향해 저지를 수 있는 최

악의 악, 즉 그분의 옆구리에 창을 꽂는 행위가 도리어 새 생명의 샘을 터뜨리는 계기가 되는 이유가 바로 여기에 있습니다. 최악의 공격조차 품어 내는 그 사랑 앞에서 우리의 영혼은 무너지고 다시 살아납니다.

II
성육신

그리스도는 우리를 하느님께로 인도하는 길이다.

우리는 그분을 통해 아버지께 간다.

이 명제들은 묵상을 위한 하나의 규칙으로 자리 잡았습니다. 신자는 먼저 그리스도에게 시선을 고정하고, 그러다 보면 하느님의 때에 아버지께로 인도받는다는 식이지요. 하지만 저와 다른 이들의 경험에 비추어 보면 또 다른 길이 있습니다. 이 길은 하느님의 사랑이 모든 것을 꿰뚫고 들어오는 힘이라는 사실을 확신하는 데서 시작됩니다. 그러고 나면 '나'는 내 안에 있는 악을 마주하게 됩니다. 그 악은 기원을 알 수 없을 만큼 묘하고, 내 존재 전체에 퍼져 있습니다. 그렇기에 단순히 '하느님은 사랑이시다'라는 말로는 그분께서 '나'의 이 끔찍한 악까지 받아 주셨다는 사실이 체감되지 않습니다. 하느님께서 베푸시는 사랑이 나의 악과 만나는 구체적인 사건이 없다면 말이지요. 이 구체적인 사건이 바로 예수의 십자가 처형과 죽음입니다. 단, 이 사건을 하느님의 사랑과 나의 악이 만나는 사건으로 보기 위해서는 단순히 비극적인 사건이 아닌, 하느님께서 우리를 향한 사랑을 선포하시기 위해 친히 허락하신 사건으로 바라보아야 합니다.

이때 하느님께서는 수용과 관련해 인간의 가장 깊은 심리 법칙을 따르셨습니다. 바로 하느님께서 '나'를 받아들이셨음을 확신하기 위해서는 '나'의 최악인 상태도 받아들이셔야 한다는 법칙이지요. 하느님께서는 '나'의 상상보다 나를 더 나쁜 존재로, 즉 죄 없는 분을 십자가에 못 박은 자로 '나'에게 보여 주십니다. 그리하여 그분은 내가 의심할 여지를 조금도 남기지 않으십니다. 내가 더 끔찍한 악을 저지른다 해도 그분께서 '나'를 사랑하시고 받아들이신다는 진실을 의심할 수 없도록 우리의 바닥을 보여 주십니다.

당신을 드러내는 도구로 십자가를 택하신 하느님의 속내를 감히 헤아려 본다는 건 어쩌면 주제넘은 짓일지 모릅니다. 하지만 이성으로는 도저히 알 길 없는 이 신비를 가리키려면, 역설적으로 가장 이성적인 설명이 필요합니다. 질문의 핵심은 이것입니다. 하느님께서는 왜 하필 못 박는 자와 못 박히는 자가 한 데 뒤엉킨 이 처참한 십자가형을 당신의 방식으로 택하셨을까요? 그분은 단순히 인간들이 우연히 저지른 악을 수습해 전화위복으로 선을 끌어내지 않으셨습니다. 하느님께서는 의도적으로 이 방식을 선택하셨습니다. 물론 제 설명은 하나의 표지일 뿐입니다. 실제 예수의 십자가 처형은 하느님과 악이 정면으로 만나는 사건이며 우리 머리로는 이해할 수 없는 영역입니다. 그 진실은 세상의 모든 상식과 가치를 뒤엎어 버리고 앞뒤 재지 않는 무모한 사랑의 순간, 신비가들처럼 그 사랑을 온몸으로 체험하는 이들에게만 드러납니다.

그리스도를 하느님의 현현으로 체험하는 이 길은 그리스도에서 하느님에게로 가는 길이 아닙니다. 하느님에게서 그리스도로 가는 길이지요. 좀 더 정확하게는, '막연한 하느님'에서 '우리라는 터무니없는 현실 속에 계신 하느님'으로, '일반적인 신'에서 '인간의 구체적인 밑바닥에 계신 하느님'으로 나아가는 길이라 할 수 있습니다. 스스로 결백을 주장하는 이의 눈에는 그리스도가 보이지 않습니다. 그분의 모습은 악에 박힌 우리의 뿌리가 적나라하게 드러날 때, 그리고 인간을 사랑하는 하느님을 믿기 위해서 얼마나 값비싼 대가를 치러야 하는지 그 실체가 드러날 때 비로소 선명해집니다. 이제 세 가지를 깊이 생각해 보아야 합니다.

첫째, 이 새로운 관점에서 보면 기존의 묵상 방식에는 결함이 있습니다. 십자가 사건에 대한 표준적인 묵상들은 '내가 바라보는' 예수께서 '나를 위해' 돌아가셨다는 사실을 강조합니다. 하지만 이 충격적인 진리는 그리스도께서 '하느님께서 내 안의 악을 받아들이셨다는 표지'로 다가오실 때만 제대로 보입니다. 이 진리는 우리 영혼의 어둡고 축축한 밑바닥에서만 자랍니다. 이를 억지로 뽑아 적당히 밝고 상식적인 일상의 세계로 가져오면 그 의미가 심각하게 왜곡됩니다. '나에게 일자리를 마련해 준 아저씨도 있고, 나를 위해 죽어준 고마운 분도 있지'하며, 십자가를 그저 여러 고마운 일 중하나로 취급해 버리는 것이지요.

둘째, 이 새로운 길을 걸었던 사람이 바로 바울입니다. 그는 예수를 직접 만난 적이 없습니다. 하지만 그는 영적 인간이 겪는 죄와의 처절한 투쟁을 누구보다 잘 알고 있었습니다. 그래서 바울은 인간이 이 피투성이 싸움을 무시한 채 그저 '모든 걸 덮어주는 사랑'이라는 말로 대신하고 넘어가려는 가짜 신 관념에 온 힘을 다해 저항했습니다. 그가 "가시 돋친 채찍을 발길로 차면, 너만 아플 뿐"(사도 26:14)이라는 말씀을 들은 사람이었음을 기억하십시오. 로마인들에게 보낸 편지에 나오는 바울의 강렬한 진술들은 죄가 이 땅에 임하는 하느님 사랑의 모습을 규정한다는 그의 통찰을 반영하고 있습니다.

> 하느님께서는 죄를 모르시는 그리스도를 우리를 위하여 죄로 만드시어, 우리가 그리스도 안에서 하느님의 의로움이 되게 하셨습니다. (2고린 5:21)

하느님께서는 오직 우리의 죄를 통해서만 우리 죄인들에게 닿으실 수 있습니다. 우리에게서 도저히 떼어 낼 수 없는 이 죄의 형태를 입으셔야만 우리에게 낯선 타인이 아니라 우리와 같은 존재로 나타나실 수 있습니다. 성서는 분명히 말합니다. 하느님께서는 "죄를 모르시는 그리스도를 우리를 위하여 죄로 만드셨다"고 말이지요. 우리는 이 구절을 은유로, 혹은 말로 다할 수 없는 진리를 표현하기 위한 과격한 수사로 이해하는 데 만족하곤 합니다. 그러나 이 진술은 은유가 아닙니다. 하느님께서 죄를 어떻게 사용하시는지를 그대로 기록했으며, 그만큼 진리를 담고 있습니다. 그리고 이 진리는 본질상 '하느님-죄-그리스도-사랑'이라는 순서로 체험됩니다. 인간이 자기 밑바닥까지 내려갔을 때 마주하게 되는 자의식은 우리가 평소에 느끼는 자의식과는 전혀 다른 논리로 작동합니다. 이 자의식은 우리 내면에 이전에는 몰랐던 공간을 만듭니다. 그리고 여기에 '나에게 진정 결정적인 의미가 있는 것이라면, 반드시 여기로 들어와야 한다'는 엄격한 법칙을 적용하지요. 이 공간의 이름은 바로 죄입니다. 가장 깊은 곳에 있는 '나'의 실체는 결국 죄인이기 때문이지요. 그러니 하느님의 대리자는 바로 그 모습으로 그곳에 있어야 합니다. 그리고 실제로 그리스도께서 그곳에 계십니다. 이러한 의미에서 그분은 죄이십니다(이성으로만 따지면 이런 사고 방식은 야만스러워 보입니다).

마지막으로, 이러한 흐름 안에서 성육신의 신비는 우리가 흔히 상상하듯 하느님께서 동정녀의 태중으로 내려오시는 사건이라기보다는, 오히려 우리 안에 임하셔서 하느님이 되시는 사건, 우리를 덮치시는 사건입니다. 성육신이 어려운 이유는 교리가 복잡해서가 아닙니다. 이를 통해 그분께서 기존의 한계를 까마득히 넘어서는 자기 수용self-acceptance을 우리에게 명령하시기 때문입니다. 그분은 우리의 자아가

설정한 가능성의 울타리를 넘어 우리를 찾아오셔서 우리를 사랑하십니다. 이는 실로 신비로운 일입니다. 그리스도께서 아버지께 가는 길인 이유는 그분이 우리에게 오시는 아버지의 길, 우리와 함께하시는 아버지의 길, 그리고 우리 죄를 씻기는 신비로운 속죄의 길이기 때문입니다. 성탄 감사송the Christmas preface*은 이렇게 기도합니다.

> 눈으로 볼 수 있는 하느님을 앎으로써
> 보이지 않는 하느님을 사랑하도록 이끌어 주소서.

여기서 우리는 물어야 합니다. 그리스도 안에서, 그리스도를 통해 우리는 무엇을 볼 수 있게 된 것일까요? 바로 영혼의 가장 깊숙한 곳, 죄로 규정될 수밖에 없던 그 내밀한 영역에 닿으시는 하느님의 손길입니다. 그리고 이것이야말로 그리스도의 신성을 증명합니다. 오직 하느님만 그 깊은 곳을 어루만지실 수 있기 때문입니다. 그분은 성육신과 수난, 죽음, 그리고 부활이라는 거대한 신비의 물결로 우리를 뒤덮으시며 어루만지십니다.

---

* 성찬 전례를 시작할 때 사제가 바치는 기도문

인간은 구제 불능의 낙관주의자입니다. 우리는 상황을 개선하고 긍정적으로 생각하라는 강박에 시달립니다. 이러한 긍정적 사고를 통해 우리는 우리를 사랑하고, 내면의 혼돈과 싸우는 데 아군이 되어 줄 하느님을 찾아냅니다. 하지만 우리를 사랑하시는 그 하느님은 우리가 강제로 방향을 틀어 저 혼돈을 직시하게 될 때까지는 그저 우리의 낙관주의가 만들어 낸 투사로 남습니다. 우리는 그 혼돈에 이름이 있고, 고유한 형태가 있으며 힘을 지니고 있음을 깨달아야 합니다. 그 혼돈의 이름은 죄이며 하느님의 사랑에 저항하는 인간의 악입니다. 우리가 그저 사랑을 찬미하기만 할 때 죄는 우리에게 맞서지 않습니다. 대신 조용히 지하로 숨어들어 우리가 믿는 하느님의 사랑을 계속해서 은밀히 거짓으로 만들어 버립니다. 그러므로 계시의 신비는 절대 분리될 수 없는 두 개의 축으로 이루어져 있습니다. 하나는 성부 하느님과 사랑이고 다른 하나는 그리스도와 그분이 짊어지신 죄입니다. 하느님의 사랑이 우리의 낙관주의가 만든 허상이 아니라 참된 사랑일 수 있는 이유는 단 하나, 그 사랑의 이면에 피와 속죄의 신비가 새겨져 있기 때문입니다. 아버지의 사랑과 그리스도의 속죄, 이 두 극이 만나는 곳이 바로 성령입니다.

하느님과 함께하는 이 모험의 가장 깊은 지점에서 우리는 우리 자신의 어두운 신비로 끌려들어 가게 됩니다. 그곳에서는 하느님의 사랑마저 길을 잃고 헤맵니다. 자아가 꼬일 대로 꼬인 미로이기 때문이지요. 게다가 무슨 영문인지 그곳에서 '나'는 나의 번영을 지키기 위해 하느님의 사랑을 격렬하게 거부합니다. 그리고 바로 그 지점에서 하느님께서는 '나'에게 '참된 나'를 얼핏 보여 주십니다. 이 '참된 나' 안에서는 하느님의 사랑과 '나'의 존재가 완벽하게 하나가 됩니다. 그러나 이 '참된 나'는 너무나 아름답기에 지금 비루한 '나'와는 분리되어 있습니다. 그리고 바로 여기서 충격적인 사실이 드러납니다. 저 아름다운 '참된 나'를 십자가에 못 박는 처형자가 바로 '나'라는 사실입니다. 영광을 거부하는 세상과 한통속이 되어 '나'는 직접 나의 가장 고귀한 면을 죽입니다. 여기에 피의 신비가, 그리고 우리에게 죽임당함으로써 우리를 용서하시는 성육신하신 하느님의 사랑이 있습니다.

우리가 이 순서대로, 즉 우리 영혼의 본성에서부터 출발한다면 내 안에 머물던 그리스도가 비로소 살아 있는 역사가 되는 지점은 바로 여기, 피의 신비가 드러나는 순간입니다. 우리 영혼은 피란 실제로 흘러야만 피이지 그렇지 않으면 아무런 의미도 없다고 여기기 때문입니다. 바로 이 순간, 피가 흐르는 십자가 위에서 그리스도는 비로소 구체적인 예수가 되십니다. 이러한 면에서 우리는 십자가에서 시작해 역사를 거꾸로 써 내려간다고 할 수 있습니다. 십자가에 달린 예수에서 출발하여 그의 삶을 거슬러 올라가 마침내 동정녀 탄생의 신비에 이르게 되는 것이지요.

십자가에 못 박히는 사람은 오직 '참된 나', 곧 하느님을 향해 있는 나뿐입니다. 반대로 못을 박는 사람은 오직 우리의 뒤틀린 자아뿐입니다. 이 법칙은 결코 변하지 않습니다. 유일하게 변하는 것은 '나'의 위치뿐입니다. 처음에 '나'는 십자가 밖에서 처형자로, 예수는 처형된 자로 있었습니다. 그렇게 '나'는 거리를 두고 그분을 바라보았습니다. 그러나 이제 '나'는 내 중심으로 들어가 십자가에 못 박힌 그분과 완전히 하나가 됩니다. 이는 영광의 주님을 십자가에 못 박는 자에서 그리스도와 함께 십자가에 못 박힌 자로 넘어가는 거대한 전환입니다. 사람은 그대로입니다. 하지만 '나'는 그리스도 안에서, 그리스도를 통해 나 자신을 재발견함으로써 완전히 다른 존재로 다시 태어납니다.

그분이 십자가에서 흘린 피로
평화를 이루다

이제 한 걸음 더 나아가야 합니다. 지금까지 하느님께서는 예수의 십자가 처형을 통해 우리가 최악의 상태일 때조차, 심지어 선을 십자가에 못 박는 처형자가 되었을 때조차 우리를 받아들이신다는 확신을 주신다고 이야기했습니다. 하지만 이 설명만으로는 부족합니다. 여기에는 죄가 자신의 본색을 끝까지 드러낸 모습과 하느님의 사랑 사이에 존재하는, 우리의 이해를 넘어서는 관계가 가려져 있기 때문이지요. 우리에게 익숙한 관점으로 십자가 사건과 하느님의 용서를 생각하면 보통 이런 반응이 나옵니다.

십자가에서조차 우리를 용서해 주신다니!

III. 그분이 십자가에서 흘린 피로 평화를 이루다 | 37

그러나 지금까지 이야기한 새로운 관점, 좀 더 근본적인 관점에서 보면 우리는 이렇게 반응해야 합니다.

특히 십자가에서, 본질상 십자가에서, 가장 명확히, 결정적으로, 그리고 마침내 십자가에서 하느님께서는 우리를 용서하신다.

자신의 본색을 유감없이 드러내는 악은 반드시 하느님의 사랑과 마주하게 되어 있고 결국 그 사랑에 무릎 꿇게 되기 때문입니다. 악은 언제나 개인과 사회 전체에 은밀하게 스며들어 있습니다. 그러나 세계라는 화폭 위에 악이 뚜렷하게 새겨지는 순간, 악은 그 만물을 아우르는 사랑과 마주하게 되고 그 안에 안기게 됩니다. 크리스토퍼 말로Christopher Marlowe의 희곡 『파우스투스 박사』Doctor Faustus에서 주인공 파우스투스 박사는 이렇게 외칩니다.

보라! 창공에 그리스도의 피가 강물처럼 흐르는 모습을!

그리스도의 피는 모든 것을 받아들이시는 하느님의 사랑을 보여 주는 표징입니다. 이 표징이야말로 악의 밑바닥을 보여 주기 때문입니다. 죄의 참된 상징, 기호이자 의미로서 하늘을 향해 울부짖는 그리스도의 피는 역설적으로 무한한 사랑을 불러냅니다. 이제부터는 이 놀라운 생각을 다른 말로 풀어 보겠습니다.

궁극의 질서 안에서 의로운 분을 십자가에 못 박는 최후의 죄는 뒤집힙니다. 희생당한 분이 자신을 못 박은 이들에게 생명을 주기 때문이지요. 우리에게 깊숙이 자리한 죄, 있을 수밖에 없는 어둠인 죄는 그 자체로는 실체가 아닙니다. 죄는 자신이 저지른 행위의 결과, 곧 십자가에 못 박힌 분을 통해서만 자신의 모습을 볼 수 있습니다. 이 해결은 오직 하느님만 하실 수 있습니다. 그리고 영혼이 푹 무르익어야만 이 진리를 어렴풋하게나마 엿볼 수 있습니다. 하느님께서 내 안으로 들어오셔서, 내 죄가 어떤 모습인지 당신의 온몸으로 그 모습을 입어 내게 보여 주시고, 숨어 있던 죄도 백일하에 드러내시어 그 죄가 도리어 '나'의 구원을 돕도록 만드시는 과정을 몸소 겪어야 저 진리를 알 수 있습니다. 하느님의 이 독특한 포용은 죄가 낳은 결과로 십자가에 못 박힌 분이 우리를 치유하신다는 점을 보여 줍니다. 십자가에 못 박힌 이 안에서, 그를 통해 끝까지 간 죄의 정체가 드러납니다. 그리고 그렇게 밑바닥까지 드러난 죄를 하느님께서는 용서하셨습니다. 죄가 갈 데까지 가면 결국 하느님의 사랑에 무릎 꿇기 때문입니다. 그렇게 될 수밖에 없습니다. 하느님께서는 십자가 처형을 통해 우리의 교묘한 악이 백일하에 드러나는 것으로 충분하다고 여기십니다. 드러나는 순간, 악은 더는 힘을 쓰지 못하기 때문입니다. 그러므로 십자가에 못 박힌 이는 죄의 끝을 보여 주는 동시에 그 죄에 대한 용서도 보여 줍니다. 죄를 깨닫는 것은 곧 죄에 대한 용서를 깨닫는다는 뜻입니다. 그리스도 없이 인류는 죄를 제대로 볼 수 없고, 따라서 용서도 깨달을 수 없습니다. 이 급진적인 주장은 바울이 이야기한 두 가지 위대한 주제를 새롭게 비춥니다.

첫째는 죄의 성질입니다. 죄는 널리 퍼져 있으면서도 교묘하게 몸을 숨깁니다. 그러다 최후의 결정적인 순간, 곧 예수의 십자가 처형에서 마침내 제 본색을 드러냅니다. 그리고 바로 그 자리에서 하느님의 사랑과 맞닥뜨리지요.

둘째는 아담과 그리스도의 관계입니다. 인류 역사상 이 두 사람의 경우에만 죄가 가면을 벗고 탁 트인 곳에 그 모습을 드러냈습니다. 두 주제는 하나로 이어집니다. 우리는 태초의 인간인 아담에 대한 일정한 그림을 가지고 있습니다. 그는 어니스트 베커가 말한 피조물 됨과 자기실현 사이의 분열, 칼 라너Karl Rahner가 말한 본능의 충동과 의지의 분열, 조지 B. 레너드George B. Leonard와 제가 말한 '본성과 문명의 분열'을 모르는, 모든 것이 온전히 통합된 인간입니다. 이런 상태에 있는 인간이 악을 받아들인다면, 그는 하느님에 대한 명백한 반역의 형태를 보일 것입니다. 이 상태에서 인간이 저지른 최초의 죄는 '새로운 인간'인 그리스도께서 오셔서 인간과 하느님의 깊은 교류를 다시 시작하실 때까지 죄가 명확한 모습을 보인 마지막 사건이 됩니다. 아담에서 예수에 이르기까지 긴 세월 동안 죄는 끊임없이 가면을 바꿔 썼습니다. 일부만 슬쩍 모습을 드러내니, 인간은 근본적인 치유 대신 어설픈 땜질식 처방만 반복할 수밖에 없었지요. 죄의 본성을 설명하려면 바로 이 복잡한 역사를 펼쳐 보여야 합니다. 로마인들에게 보낸 편지에서 바울은 바로 이 역사를 다루고 있지요. 그리고 라너는 이를 다음과 같이 요약합니다.

바울은 아담 탓에 세상에 들어와 모든 인간을 감염시킨 그 죄를 아담의 후예들이 겪는, 단순히 무언가 비어 있는 상태로만 보지 않았다. 오히려 이 원초적이고 유전적인 죄는 각 사람이 짓는 구체적인 죄들 안에서, 죄들을 통해 본색을 드러내려 몸부림치는, 살아 꿈틀거리는 힘이다. 이 같은 맥락에서 죄는 지배자처럼 세상에 들어온다(로마 5:12). 인간의 육체에 "자리를 잡고"(로마 7:20), 인간을 노예로 부린다(로마 6:6,17,20, 7:14). 죄는 율법을 만나면 더 기세등등해진다(로마 7:8-9), 이런 식으로 죄는 인간을 자신의 법에 굴복시키고(로마 7:23, 8:2) 인간의 "지체"를 자신의 무기로 휘두름으로써(로마 6:13) 인간의 구체적인 삶 가운데 그 모습을 드러낸다(로마 7:13).[1]

바울은 명확한 실체를 지닌 두 인간, 곧 아담과 그리스도 사이에 역사를 중간기로 놓습니다. 그리고 이 두 인간이 신학 구도에서 대칭을 이루고 있음을 분명하게 밝히지요. 태초의 상실 이후 뒤따른 혼란을 가장 잘 보여 주는 시기는 아담에서 모세까지의 기간입니다.

> 그러나 아담 시대로부터 모세 시대에 이르기까지는 죽음이 지배하였습니다. 아담의 범죄와 같은 죄를 짓지 않은 사람들까지도 죽음의 지배를 벗어나지 못했습니다. 아담은 장차 오실 분의 모형이었습니다. (로마 5:14)

---

1 Karl Rahner, *Theological Investigations*, vol. 1, 347n2.

율법의 시대에 악은 다시금 하느님께서 직접 내리시는 명령에 대한 불순종이라는 제 모습을 갖추는 듯했습니다. 하지만 이는 아담이 저지른 명백한 불순종의 그림자에 불과했지요. 율법 아래 놓인 인간은 순종과 불순종의 갈림길에서 자기가 누구인지도 모른 채 로마인들에게 보낸 편지에 나오는 묘사 그대로 반응합니다.

> 우리는 율법이 신령한 것인 줄 압니다. 그러나 나는 육정에 매인 존재로서, 죄 아래에 팔린 몸입니다. 나는 내가 하는 일을 도무지 알 수가 없습니다. 내가 해야겠다고 생각하는 일은 하지 않고, 도리어 해서는 안 되겠다고 생각하는 일을 하고 있으니 말입니다. 그런 일을 하면서도 그것을 해서는 안 되겠다고 생각하는 것은, 곧 율법이 선하다는 사실에 동의하는 것입니다. 그렇다면, 그와 같은 일을 하는 것은 내가 아니라, 내 속에 자리를 잡고 있는 죄입니다. (로마 7:14~17)

죄는 우리 안에서 안개처럼 퍼져 있을 뿐, 아직 육신을 입지는 않았습니다. 죄가 우리를 시켜 악을 저지르지만, 우리의 전 존재가 명백하게 결단해 악을 저지르지는 않았습니다. 율법 아래서 인간이 저지른 불순종이 아담의 불순종을 재현하지 못하듯 율법 아래 행한 순종도 아담이 저버린 온전한 순종에 미치지 못합니다. 아담의 불순종을 무효로 만들기 위해서는 새로운 순종이 필요하며, 이를 위해서는 인간의 혼돈 한복판에 '온전한 인간'이 다시 나타나야만 합니다. 이 새로운 상황에서 하느님께 순종하는 인간은 모든 인간과 사회에 은밀히 퍼져 있는 악에게 십자가 처형을 당해야만 합니다. 그래야만 악은 '참된 인간의 처형자'라는 민낯을 드러내며 비로소 제 정체를 알게 되기 때문입니다. 처음으로 악을 이기는 유일한 힘, 곧 하느님의 사랑과 정면으로 맞닥뜨리기 때문입니다.

바울의 논리를 살펴보았으니 이제는 이 과정이 실제로 벌어지는 무대, 곧 우리 내면의 깊은 곳으로 시선을 돌려야 합니다. 도대체 우리 안에 무엇이 있기에 하느님께서 이를 찾으시는 걸까요? 이 무언가가 피어나면 곧 하느님의 영광이 됩니다. 하지만 인간이 제힘으로 서려다 보면 필연적으로 이를 짓밟게 되지요. 이것이 십자가에 못 박힐 때라야 비로소 역사가 숨겨온 진실이 드러나고, 우리 마음과 공동체에 성령이 쏟아져 내릴 길이 열립니다. 예수께서 저 어두운 속죄의 신비 가운데 굳이 끄집어내 살리시려는 이 '중심'은 과연 무엇입니까? 우리는 누구입니까? 이렇게 길을 잃었다가, 되찾고, 모든 것을 품는 사랑으로 회복되는 우리는 도대체 누구입니까?

답하기 조심스러운 질문입니다. 하지만 적어도 그 답은 '자아'와 '참된 나'를 구분하는 데서 찾아야 합니다. 거칠게 말하면 악이란 인간의 '의식하는 자아'와 하느님의 세상, 질서 안에서 제자리를 잡고 있는 '온전한 나'가 찢어지고 어긋난 상태를 말합니다. 그렇기에 구원은 형태를 바꿔 가며 나타나는 이 어긋남을 극복하는 일입니다. 굳이 그리스도교 신앙을 빌리지 않아도 융Carl Jung 심리학을 깊이 아는 이들은 이 지점에서 절망에 가까운 경고를 보냅니다. 이른바 '참된 나'를 엿본 사람은 그 깨달음을 '나를 위한 체험'으로 삼아 '자아의 소유물'로 만들려는 유혹에 빠진다고 말이지요. 그런 사람은 인간의 온전함이라는 신비를 자신의 겉멋으로 바꿔 버립니다. 역사와 사회 속에서 인간이 짊어져야 할 삶의 무게를 겉멋으로 때우는 사이비 신비주의자가 되어버리는 것이지요. 지혜로운 사람에게 '참된 나'로 들어가는 과정은 침묵을 통한 관상과 겸손, 그리고 설명할 수 없는 선한 영향력으로만 드러날 뿐입니다.

앞서 말한 경고, 곧 '자아'와 '참된 나'를 구분해야 한다는 원칙이 가장 빛을 발하는 순간은 바로 우리가 예수 그리스도의 신비를 마주할 때입니다. 저 신비 안으로 들어가기 위해서는 심리 상담을 받을 때보다 훨씬 더 진지하게 우리 대부분이 저 신비의 바깥에 서 있다는 사실을 인정해야만 합니다. 복잡하게 얽힌 세상살이 가운데 '자아'를 직시하며 섣불리 구원의 과정을 건너뛰려 하지 않는 그리스도인은 이렇게 고백합니다.

이 거대한 신비 앞에서 저는 죄인입니다.
저는 제 안의 '참된 나'를 죽인 처형자입니다.
이를 깨닫고 슬퍼합니다.

여기서 말하는 '참된 나'는 '최고의 자아' 혹은 '나의 잠재력' 같은 허영 섞인 말이 아닙니다. '참된 나'의 실체는 저 언덕 위, 십자가에 못 박혀 죽어 가는 죄 없는 한 남자의 모습에서 가장 적나라하게 드러납니다. '나'는 모든 것을 품는 하느님의 사랑이라는 신비 가운데 그분이 십자가에서 처형당한 일에 대한 책임을 기꺼이 떠안습니다. 기도와 삶으로 그 처형자의 자리를 받아들일 때, 나는 신비의 논리와 성령의 인도를 따라 십자가에 못 박히신 분을 깊이 느끼게 됩니다. 물론 이 세상에 발을 붙이고 사는 한, 우리는 악과 구원이 뒤엉

킨 복잡한 현실을 온몸으로 겪어내며 '십자가에 못 박는 자'
와 '십자가에 못 박힌 자'라는 두 극을 오갈 것입니다. 신앙인
이 십자가에 못 박는 자인 동시에 못 박힌 자로 자신을 고백
하는 일은 융 심리학이 그토록 도달하고자 했던 자기 이해의
완성이라 할 수 있습니다.

이 세상에 발을 붙이고 사는 한,
우리는 악과 구원이 뒤엉킨 복잡한 현실을 온몸으로 겪어내며
'십자가에 못 박는 자'와 '십자가에 못 박힌 자'라는 두 극을 오갈 것입니다.

IV
태초부터 죽임을 당한 어린양

인간에게는 은밀한 비밀이 하나 있습니다. 무언가를 욕망하고, 의지하고, 만들어 내는 모든 행위 밑바닥에는 이 비밀이 도사리고 있지요. 그 비밀이란 바로 인간은 결정적인 순간에 자신을 긍정하지 못한다는 사실입니다. 바로 이 자기 불신 때문에, 인간이 이룬 모든 성취의 반대편에는 언제나 '죽음을 향한 충동'이 함께 놓여 있습니다. 오늘날과 같은 위기와 쇠퇴의 시대에 이 충동은 위험 수위를 넘나들며 노골적으로 날뜁니다. 하지만 문명이 화려하게 꽃피던 시절에도 이 충동은 늘 그 자리에 있었습니다.

우리는 언젠가 죽는다는 사실을 압니다. 하지만 그뿐만이 아닙니다. 우리는 그 사실을 핑계 삼아 지금껏 애써온 모든 일이 다 덧없다고 자기 자신에게 속삭이며 주저앉습니다. 하지만 이 존재하지 않으려는 의지는 단순히 마음이 약해서 생기는 게 아닙니다. 이는 우리를 존재하게 만드는 힘, 우리 의식 안에서 우리를 존재로, 인격으로, 마침내는 당신에게로 부르시는 하느님을 향해 귀를 막고 저항하는 것입니다. 존재하지 않으려는 의지는 하느님께서 보여 주신 존재의 질서를 뒤엎고 싶어 합니다. 우리 한 사람 한 사람이 참된 자신을 완성해야 한다는 부르심 자체를 없던 일로 만들고 싶어 합니다. 이것이 우리가 숱하게 겪는 악의 신비입니다. 인간은 살라고 주신 생명을 거부하고 스스로 파괴의 길을 택하곤 합니다. 이러한 맥락에서 악이란 죽음에 대한 충동이 단순히 죽고 싶어 하는 데서 그치지 않는 상태라 할 수 있습니다. 악은 우리에게 더 깊이 참된 인간으로 살라고 요구하는 그 근거 자체를 제거해 버림으로써 자신의 게으름을 정당화하려 몸부림칩니다. 유난히 선하고 용감한 사람을 만나면 사람들은 그를 반기지 않고 오히려 불편해합니다. 어떤 식으로든 그 사람을 제거하고 싶은 욕망에 사로잡히지요. 우리도 온전한 사람이 되어야 한다는 사실을 그가 웅변하기 때문입니다. 우리는 목숨 걸고 우리의 시시한 면모, 범속함, 삶에 대해 이러지도 저러지도 못하는 어정쩡한 태도를 지키려 합니다. 이를 지키기 위해서는 무슨 짓이든 하며 살인도 서슴지 않습니다. 그렇다면 존재로의 부르심 앞에서 도망치기 위해 서로 짠 비접한 공모가 들통나면 문제가 해결될 수 있을까요. 그렇지 않습니다. 우리 안에 똬리를 튼 이 악에는 우리가 이해하지 못하는 두려움이 서려 있습니다. 이 두려움은 오직 새로운 계시에 응답해 우리 안에 있는 사랑이 새롭게 태어나야만 극복할 수 있습니다.

그리스도교는 바로 새로운 계시, 사랑의 목표가 되고자 합니다. 똬리를 튼 악을 녹여 버리는 그리스도교의 방식은 너무나 단순하면서도 놀랍습니다. 그리스도교가 전하는 내용이 진짜 계시라고 무릎을 칠 수밖에 없을 정도로 말이지요. 그 해결책이란 우리가 마음에 품고 있던 은밀한 소원, 곧 선하고 참되며 온전한 인격이 눈앞에 없으면 하는 욕망을 역사상 유례없는 방식으로 표출하도록 만드는 것입니다. 그리스도교는 우리에게 예수라는 인물을 보여 줍니다. 그에게는 악이 없습니다. 그리고 악이 없다는 바로 그 이유 하나만으로 파괴됩니다. 그리고 그리스도교는 성령이라는 새로운 힘의 영향 아래로 우리를 초대합니다. 그리고 저 원형적인 살인 사건(십자가 처형)에서 살인자인 우리 자신을 발견하라고 말합니다. 우리가 선을 혐오함을 공공연히 드러낸 바로 그 현장에서, 만물을 창조하신 힘이 우리를 받아 주심을 체험하라고 말합니다. 다시 말하면 그리스도교는 이전에는 한 번도 겪어 보지 못한 방식으로 가면을 벗은 우리 안의 악을 체험하라고, 점잖아 보이던 '죽음을 향한 충동'이 사실은 살인이었음을 깨달으라고 이야기합니다. 그리고 이를 체험하는 가운데 악을 제압하는 사랑을 감지하라고 말합니다.

온전한 인간으로 나아가는 문턱에서 우리는 어떤 보상을 받지 않습니다. 오히려 위기를 맞닥뜨리지요. 우리 내면의 어두운 힘이 공격하기에 딱 좋은 아름다운 대상을 찾아내 기어이 그를 파괴해 버리고 맙니다. 그다음은 어떻게 될까요? 사실 그다음이라는 상황은 오직 이 위기를 겪어야만 가능합니다. 그리고 그다음에는 사랑만이 있을 뿐입니다. 사랑밖에 있을 수 없습니다. 존재에 대한 증오를 남김없이 쏟아부으면 사랑이 비로소 우리에게 그 모습을 드러냅니다. 사랑만이 그 자리를 지킬 수 있고, 그 자리에서만 발견될 수 있습니다. 이 위기 가운데 우리가 그토록 피해 다녔던 정체성이 사랑의 밀물을 타고 우리 안으로 쏟아져 들어옵니다. 우리가 참된 나를 찾는 길은 완전한 항복뿐입니다. 완전한 항복은 우리의 거부라는 깊은 신비를 끌어안기에 이를 위해서는 그 거부를 뼈저리게 체험해야만 합니다. 달리 말해, 존재의 무게를 감당하지 못해 두려워하는 인간은 결국 십자가에 못 박힌 이의 모습을 마주하게 됩니다. 그 모습은 아름답습니다.

그 모습이야말로 우리가 진정으로 알아야 할 인간의 영광이며 우리가 그토록 되고자 했던 우리 본연의 모습이기 때문입니다.

십자가에 못 박힌 이를 깊이 바라보는 사람은 막연했던 악이 나의 죄로 바뀌고, 그 죄가 다시 용서로 바뀌는 과정을 목격합니다. 그리고 이 궁극의 신비를 통해 자기 자신의 정체성을 발견하게 됩니다. 십자가에 달린 예수를 통해 우리는 마침내 우리가 누구인지 알게 됩니다. 그토록 두려워하면서도 한편으로는 갈망했던 '참된 나'를 깨닫게 됩니다. 우리는 이 '참된 나'를 깨닫는 일을 일종의 해방으로 경험합니다. 세상으로부터의 해방, 즉 '참된 나'를 체계적으로 부정해 온 저 거대한 공모의 그물로부터의 해방으로 말이지요. 그렇기에 예수께서 세상에 죽임당해 흘리신 피는 아무리 찬양해도 부족합니다. 그 붉은 피야말로 세상의 위선을 폭로하고 우리를 깨우는 결정적인 증거이기 때문입니다.

우리가 십자가에 달린 이를 그토록 꽉 붙잡는 이유는, 당장 우리를 구해 줄 구세주가 급해서가 아닙니다. 십자가에 달린 예수를 통해 하느님께서는 우리에게 이렇게 말씀하십니다.

보아라, 이 사람이 바로 너다.

우리는 그에게서 우리의 참된 모습을 봅니다. 그렇기에 우리는 그를 너무나 뜨겁게 사랑하고 끌어안을 수밖에 없습니다. 십자가에 달린 이의 아름다움은 결국 우리 인간 본연의 아름다움입니다. 반면, 이 아름다움을 지니지 못한 삶, 타성에 젖어 사는 삶은 생생하게 살아 숨 쉬는 삶이 되지 못한 채, 마치 공장에서 찍어낸 모조품처럼 보입니다. 학교 교육과 철들면서 받아들인 세상의 상식은 "그런 고귀한 삶은 불가능해"라고 딱 잘라 부정합니다. 하지만 바로 그 진짜 삶, 진짜 세상을 우리는 십자가에 달린 예수에게서 발견합니다.

언젠가 시인 워즈워스William Wordsworth는 인간의 찬란한 가능성과 비루한 현실을 대비하며 이렇게 노래했습니다.

어린 시절, 하늘은 우리 곁에 머물렀다.
그러나 아이가 자라날수록
감옥의 그림자가 덮치기 시작한다.*

---

* 윌리엄 워즈워스의 대표작 중 하나인 《무언의 송가 - 유년의 회상에서 얻은 불멸의 암시》Ode: Intimations of Immortality from Recollections of Early Childhood에 나오는 구절.

이렇듯 그는 찬란함이 어린 시절에 있다고 보았지요. 하지만 워즈워스는 틀렸습니다. 참된 찬란함은 유년기에 있지 않고 돌아가 얻을 수 있는 것도 아닙니다. 우리가 저지른 악이 사랑으로 변모할 때만 참된 찬란함을 얻을 수 있습니다. 이 새로운 눈을 뜨면 제도에 갇혀 있던 '도시에 사는 인간'은 '우주 가운데 존재하는 인간'으로 거듭납니다. 도시에 사는 인간은 고작해야 인간이 만든 제도와 법을 가지고 씨름합니다. 하지만 예수의 십자가 처형 사건은 다릅니다. 이 사건을 통해 우리는 점잖은 척하던 가면을 벗어던지고, 실제로 살인을 저지르게 됩니다. 그렇게 예수를 죽이는 그 순간, 우리는 인간의 좁은 도시 담장을 넘어 우주를 아우르는 거대한 진리와 마주하게 됩니다. 너무나 선하다는 바로 그 이유로 우리가 파괴해 버린 그분, 십자가에 달린 이와 마주할 때 비로소 우리는 비좁은 도시의 담벼락이 아닌, 저 광활한 밤하늘의 별들을 향해 외치게 됩니다.

이 모습이 바로 나다.

진리를 찾는 사람은 갈증을 느낍니다. '나는 누구인가?'라고 묻는 데 도시가 내놓는 답들은 하나같이 껍데기뿐이기 때문입니다. 우리는 그리스도에게서 우리가 되고자 하는 '참된 나'를 봅니다. 하지만 냉혹한 현실을 직시합시다. 우리의 그리스도는 왕좌가 아니라 반드시 십자가에 달려 있어야 합니다. 우리가 그분과 하나가 되기 위해서는 그분을 십자가에 매단 '우리의 죄'를 통과해야만 합니다. 자신이 바로 예수를 죽인 처형자라고 고백할 수 있는 정직함이야말로 뜬구름 잡는 소리가 아니라 현실에 발을 딛고 진정한 인간으로 살아가게 해 주는 힘입니다. 어떤 영웅도 우리 영혼의 굶주림을 채워주지는 못합니다. 오직 십자가에 달린 이만 가능합니다. 히브리인들에게 보낸 편지는 말합니다.

피를 흘림이 없이는, 죄를 사함이 이루어지지 않습니다. (히브 9:22)

사람들은 이 구절을 옛날 종교의 미개한 제사법 정도로 치부하곤 합니다. 하지만 이 말은 피가 없으면 하느님께서 화를 푸시지 않는다는 뜻이 아닙니다. 그보다는 우리가 우리 손에 묻은 피를 보지 않으면 우리 깊은 곳에 있는 악이 계속 숨어 있기에 하느님의 말씀을 들을 준비도, 능력도 갖추지 못한다는 뜻입니다.

전례 기도문이 "죽음으로 우리와 당신을 화해시킨 희생 제물을 굽어 보소서"라고 호소하는 이유도 여기에 있습니다. 피가 필요한 쪽은 하느님이 아니라 바로 우리입니다. 피 묻은 그분의 모습이 우리 눈에 비칠 때 비로소 우리는 깨닫습니다. 그때까지 우리는 인간이 별것 있겠냐고, 적당히 한계 안에서 사는 게 당연하다고 믿어왔습니다. 하지만 피 묻은 그분을 보는 순간 그 안일한 생각이 사실은 우리의 잠재력에 대한 배신이었음이 드러납니다. 이때 우리의 영혼은 눈이 번쩍 뜨입니다. 의식이 깨어납니다. 십자가에 달린 이에게서 우리는 '참된 나'로 사는 데에는 엄청난 대가가 따른다는 사실, 우리가 그 '참된 나'를 배신했다는 사실을 깨닫습니다. 그리고, 그럼에도 불구하고 우리 안으로 밀려오는 그분의 사랑이 우리의 배신마저 당신께서 치르시는 몸값으로 바꾸신다는 사실을 깨닫게 됩니다. 우리의 심장이 이 새로운 사랑의 박동을 익히게 되면 우리 눈에 보이는 세상은 완전히 달라집니다. 물론 우리는 계속해서 저 십자가에 달리신 분에게 질문을 던질 것입니다. 그분이 궁극적 실재, 그리고 그 실재와 맺는 관계를 마치 남녀 간의 적나라한 사랑처럼 당혹스럽고 어리둥절하면서도, 눈부시게 분명한 관계로 만들어 놓으셨기 때문입니다.

결국, 십자가의 신비란 악을 죄로 드러내고 그 죄를 다시 용서로 바꾸는 기적입니다. 하지만 이 신비와 함께 살아가려면 한 가지를 더 깨달아야 합니다. 바로 하느님께서는 악이 생겨나기도 전에 이미 모든 악을 내다보셨고, 악을 저지를 가능성을 지닌 인간을 창조하실 때부터 이미 그 악을 끌어안고 계셨다는 사실입니다. 스콜라 신학자들은 하느님의 뜻을 둘로 나누곤 했습니다. 십자가 없이 '원래의 뜻'이 있었으나 인간이 타락하자 어쩔 수 없이 십자가를 포함하는 '나중의 뜻'이 생겼다고 보았지요. 하지만 이렇게 구분하면 십자가가 드러내는 거대한 의미를 놓치게 됩니다. 그리스도의 피는 우주가 시작되던 그 태초의 하늘에서부터 이미 흐르고 있었습니다. 하느님께서는 시작부터 이 우주를 곳곳에 숨겨진 위험한 함정들마저 존재의 새로운 충만함으로 나아가는 곳이 되도록 설계하셨습니다. 그러한 의미에서 예수의 십자가는 시간과 공간 그 어느 지점에 놓여도 이상하지 않습니다. 십자가는 사랑이 악을 이긴다는 영원한 표징이기 때문입니다. 그러므로 하느님께서 인간을 창조하시며 인간이 죄지을 위험을 감수하셨고, 그 위험이 재앙으로 터지자 부랴부랴 십자가라는 응급 처방을 내리셨다고 보는 것은 유치한 생각입니다. 그런 생각은 '하느님께서는 악에서 선을 끌어내신다'는 말과 '하느님의 사랑은 악을 끌어안으신다'는 더 근본적인 진리 사이의 차이를 담아내지 못합니다. 오해하지 마십시오. 하느님 안에 악이 있다는 말이 아닙니다. 하느님께서는 악을 녹이셔서 완전히 다른 것으로 변모시키는 용광로 같은 실재라는 뜻입니다. 여기서 말하는 악은 철학자들이 말하는 '선의 결핍' 같은 추상적 개념이 아닙니다. 하느님을 제외하면 우리가 맞닥뜨려야 할 가장 생생하고 지독한 현실이지요. 우리 안에 똬리를 튼 이 악이 하느님 앞에 무릎 꿇는 순간, 우리는 모든 것을 잃는 듯한 아픔을 겪습니다. 하지만 이로써 우리는 모든 것을 얻게 될 것입니다.

하느님과 악에 대한 이 근본적인 진술은 결국 하느님이 어떤 분이신지 이야기하는 데까지 나아갑니다. 그분은 존재의 심장부로 이끌기 위해 기꺼이 우리를 지독한 악의 현실로 밀어 넣으십니다. 그리고 그 너머로 이끄실 준비를 하십니다. 하느님에게 악은 끙끙대며 치워야 할 걸림돌이 아닙니다. 오히려 당신의 목적을 이루기 위해 손에 쥐신 도구에 가깝습니다. 십자가는 이 악, 우리의 자아를 직면하고 뚫고 지나가지 않고서는 결코 하느님께 닿을 수 없음을 보여 줍니다. 그리고 이러한 의미에서 하느님께서는 우리가 이 악을 겪어내기를 바라십니다. 마치 아버지가 아들을 훌륭한 법률

가로 만들기 위해 법학전문대학원이라는 고된 과정을 통과하기를 바라듯 말이지요. 그때 아버지가 원하는 것은 아들의 고통이 아니라 그 과정을 통해서만 얻을 수 있는 성취입니다. 바로 이런 하느님을 보여 주는 표징이기에 예수의 십자가는 우주가 창조되는 태초의 근간에 놓이는 것이 마땅합니다. 요한묵시록이 그분을 "살해된 어린양"(묵시 13:8)이라고 기록한 것도 이와 관련이 있습니다.

V
예수를 알아보기

신앙인들에게 기본적으로 예수 그리스도는 2천 년 전 역사 속에 실존했던 한 인간입니다. 하지만 동시에 신앙인들은 자신의 영혼 혹은 마음 깊은 곳에 자리 잡은 '무언가'가 그분에게서 구체적으로 드러났다고 여깁니다. 그렇다면 그 무언가란 무엇일까요? 이 무언가 덕분에 우리는 삶의 궁극적인 의미를 갈망하며, 어렴풋하지만 그런 의미가 분명 있다고 확신합니다. 이 무언가 덕분에 우리 안에서 설명할 길 없는 벅찬 행복이 솟아나기도 합니다. 이 무언가는 모든 이상주의자와 개혁가들이 변화의 동력을 길어 올리는 우물이며 그들이 존재하는 이유이기도 합니다. 그 무언가는 바로 우리 안에 있는 하느님의 번뜩이는 빛입니다. 아우구스티누스Augustine of Hippo는 말했습니다.

　　당신께서는 우리가 당신을 향하여 살도록 창조하셨기에 우
　　리 마음은 당신 안에서 안식할 때까지 쉴 수 없습니다.[*]

이때 "우리 마음"은 바로 저 무언가를 가리킵니다. 하느님
께서 우리를 "당신을 향하여 살도록" 정해 놓으셨다는 사실
을 우리는 삶에서 '쉬지 못함', 즉 불안이라는 감각으로 어렴
풋이 체험합니다. 좀 더 깊이 들어가면 어떤 가능성으로 다
가오기도 하지요. 실제로 우리에게는 어떤 가능성, 생명, 삶
의 가능성이 꿈틀대고 있습니다. 무언가를 더 소유하고 싶다
는 욕심이 아니라 어떠한 제약도 없이 '온전한 나'가 되기를
우리는 갈망합니다. 실제로 인간이 누릴 수 있는 가장 커다
란 행복은 모든 제약에서 벗어나 '온전한 나' 자신이 되는 것
입니다. 행복의 정의 자체가 그러합니다. 그런데 아우구스
티누스는 우리가 오직 하느님 안에서만 그렇게 될 수 있다고
말합니다.

　　예수를 그 무언가, 우리의 갈망을 실현한 존재로 알아볼

---

[*]　아우구스티누스의 『고백록』Confessions 제1권 1장에 나오는 매우 유명한
　　구절로 그의 사상을 압축한 구절로도 평가받는다.

수 있는 이유는 성령이 우리 한 사람 한 사람 안에서 활동하기 때문입니다. 우리가 예수의 모습을 볼 때, 성령은 우리 삶 가까이, 섬세하게 다가와 우리의 잠들어 있는 감각을 흔들어 깨웁니다. 그 덕분에 우리는 저 모습이야말로 우리가 꿈꾸던 모습이라고, 이를 위해서는 모든 것을 다 바쳐도 좋다고 생각하게 되지요.

성령은 예수를 한 개인의 흘러가는 삶에 깊이 뿌리내리게 합니다. 신앙인이 경험하고 자신의 모든 것을 바치겠다고 고백하는 대상은 예수지만, 그 사랑의 고백을 자아내는 실타래는 사랑하는 사람의 영혼 가장 깊은 곳에서 나왔습니다. 예수에 대한 사랑을 유별나고 때로는 민망할 정도로 뜨겁게 표현했던 성인들을 보십시오. 그들은 성령의 인도를 따라 자기 내면의 핵심, 가장 깊은 인간성을 보통 사람들보다 훨씬 더 예민하게 의식했고 이를 예수와 일치시켰습니다. 달리 말하면, 성령의 인도를 받아 예수를 향하게 되는 사랑에는 지극히 주관적인 요소가 있습니다. 아니, 그러한 요소가 없이는 사랑 자체가 성립하지 않습니다. 이 같은 맥락에서 바울은 말했습니다.

성령을 힘입지 않고서는 아무도 "예수는 주님이시다" 하고

말할 수 없습니다. (1고린 12:3)

이는 성령이 신앙인에게 정답을 알려 주듯 예수께서 주님이심을 가르쳐 준다는 뜻이 아닙니다. 예수께서 '주님'이시라는 사실이 바로 '나의 삶'에 어떤 의미인지를 깨닫게 해 주신다는 뜻입니다. 하지만 신앙인의 가장 내밀한 현실이 예수와 만나는 이 영혼의 결합이 성령의 활동이라고 해서 이를 아무도 이해 못 할 신비로 남겨둘 필요는 없습니다. 우리 안의 내밀한 갈망, 곧 우리가 꿈꾸는 '인간의 이상'이 무엇인지는 교회의 오랜 신앙 고백들에 이미 표현되어 있습니다. 예를 들어 더 충만한 삶을 갈망하며 종말론적 메시아 왕을 기다렸던 고대인들에게 '그리스도 예수'라는 말은 곧 '우리가 열망하던 바의 성육신인 예수'라는 뜻이었습니다. 하지만 오늘날 예배에서 수없이 반복되는 '예수 그리스도'라는 이름은 더는 그런 기능을 하지 못합니다. 우리에게는 바로 그 기능이 필요한데도 말이지요.

예수를 '말씀'이라고 부르는 것도 마찬가지입니다. 중요한 것은 말씀, 혹은 로고스라는 단어 자체가 아니라 그 단어에 응축되어 있던 인간의 강렬한 열망입니다. 이 호칭들은 역사 속 예수를 인간의 심연에서 솟구치는 의미들과 연결해 주었습니다. 하지만 시간이 흐르며 그 생명력을 잃었고, 저 호칭들은 예수를 우리의 마음이 아니라 추상적인 교리 체계에 가두는 딱딱한 신학 용어가 되어버렸습니다. 그 결과 사람들은 예수에게서 자기 내면의 가장 깊은 생명과 감정, 열망을 비추어 보는 능력을 잃어버렸지요.

이제 이 오래된 호칭들은 더는 신앙인의 영혼에 불을 지피지 못합니다. 게다가 우리는 바야흐로 내면을 탐구하는 인간의 시대로 들어섰습니다. 과거에 우리는 내면의 깊은 곳에서 솟아난 완성된 인간의 꿈을 '그리스도' 같은 외부의 존재에 투영해 바라보곤 했습니다. 그때는 그 간절한 꿈이 내 마음 어디에서 솟아나는지도 모른 채, 그저 순진하게 저 밖에 있는 누군가를 동경했지요. 하지만 이제 우리는 그 꿈이 시작되는 마음의 깊은 샘을 들여다보기 시작했습니다. 심리학자 칼 융은 마음의 깊은 샘을 두고 '참된 나(자기)'the Self라고 불렀습니다. 그에 따르면 '참된 나'란 아직은 어렴풋하나 언젠가 의식으로 깨어날 수 있는 우리 삶의 총체적 실재를 뜻합니다. 우리는 평소 표면의 나, 즉 자아만을 의식하며 살아갑니다. 하지만 '참된 나'는 '자아'라고 불리는 표면의 나와는 비교할 수 없을 만큼 거대하고 강력한 힘의 원천입니다. '내 생명'은 '내가 아는 나'보다 훨씬 더 큽니다.

이제 사람들의 삶에서 예수에 대한 새로운 호칭이 생겨나고 있습니다. 바로 '참된 나'입니다. 이 새로운 호칭은 이 책에서 다루는 예수와 구원을 이루시는 그분의 수난을 이해하는 기초가 됩니다. 예수를 '참된 나'로 이해하는 것은 본질상 지극히 전통에 충실한 일입니다. 저 이해는 예수를 통해 '나'를 이해해 온 오래되고 필수적인 신앙의 관습을 잇고 있기 때문입니다. 내면을 탐구하는 인간의 언어로 말하면 '참된 나'라는 호칭은 예수 신앙 안에 숨어 있던 내면의 요소를 겉으로 드러냅니다. 더 정확히 말하면 우리가 함께 고백하는 믿음 안에서 저 내면의 요소가 제 몫을 하도록 자리를 찾아줍니다. 물론 예수를 내 가장 내밀한 곳에 있는 생명, 내 행동의 뿌리를 변화시키는 상징으로 만드는 존재는 오직 성령뿐입니다. 하지만 성령의 이 활동에 협력하기 위해서는 그리스도교 신비주의자들이 일관되게 강조했듯 자기 자신을 알아야 합니다. '나'는 공동체의 믿음이 주는 확신에 찬 가르침을 따라 자아라는 그림자에 가려진 '참된 나'라는 광활한 영토로 나아가야 합니다. 그래야 그 광활한 영토가 예수 안에서 온전히 하나로 모이는 경험을 할 수 있기 때문입니다.

또한 나는 조급하고 겁에 질린 '자아'가 그 아름다운 영토를 마구 짓밟으며, '영광의 주님'을 십자가에 못 박고 있음을 생생하게 느껴야 합니다. 그리고 바로 그 장면을 묵상하는 가운데, 십자가의 자리가 곧 용서받는 자리임을 경험해야 합니다. 바로 거기서 새로운 존재가 될 힘이 솟아나기 때문입니다. 저는 전례 중 다음과 같은 성서 구절을 들을 때마다 이런 연습을 합니다.

> 그리스도 안에서 미리 세우신 하느님이 기뻐하시는 뜻을 따라 하느님의 신비한 뜻을 우리에게 알려 주셨습니다. 하느님의 계획은, 때가 차면, 하늘과 땅에 있는 모든 것을 그리스도 안에서 그분을 머리로 하여 통일시키는 것입니다. (에페 1:9~10)

그리스도라는 이름을 들으면 저는 십자가에 달린 예수를 응시합니다. 동시에 제 안을 들여다보며 하느님께서 제 안에서 깨우고 계신 인격과 자유와 희생이라는 거대한 자원을 묵상합니다. 달리 말해, 저는 그리스도를 우리에게 주신 하느님께 감사드리며 그 무게중심을 옮깁니다. 그때까지 중심은 늘 저 밖에 계신 그리스도였습니다. 영혼이 내면의 힘을 잃고 병들수록 우리는 저 밖에 있는 그리스도에게 매달립니다. 일종의 역설처럼 보이지만, 심리학을 아는 사람에게 이는 역설이 아닙니다. 내면이 무너져서 밖(사람이나 사물)에서 오는 것을 제대로 받아 누리지 못하면 못할수록, 우리는 더욱 기를 쓰고 바로 그 밖에서 안녕을 찾으려 듭니다. 엄마의 사랑을 받지 못한 사람이 평생 엄마와 그 대용품에 집착하는 것과 같습니다. 요한복음서에서 예수께서는 말씀하셨습니다.

> 나를 믿는 사람은 ... 그의 배에서 생수가 강물처럼 흘러나올 것이다. (요한 7:38)

예수를 믿는다는 것은 바로 이런 것입니다. 예수를 믿는다는 건, 내 마음의 수문을 활짝 열고, 십자가에 달린 예수의 형상, 그 나무와 못, 그 모든 것 안으로, 내 영혼의 끝없는 생명과 잊고 지냈던 생명을 쏟아붓는 일입니다.

VI

십자가에 달린 예수에게서
나를 발견하기

　예수는 우리가 결코 도달하지 못한 온전한 인간입니다. 그런 예수를 가장 깊고 정확하게 발견하는 순간은 우리가 온전한 인간이 아니라는 우리의 결핍이 그분을 십자가에 못 박고 있음을 깨달을 때입니다. 십자가에 달린 예수야말로 우리가 도달해야 할 모습입니다. 하지만 우리는 그 속으로 들어가는 대신 그를 파괴합니다. 하지만 역설적으로 우리가 그를 못 박을 때 그 안으로 들어가는 입구가 열립니다. 예수를 못 박는 행위는 우리의 '자아'가 자신의 본색을 드러내며 저지르는 일, 즉 온전함을 파괴하는 일을 적나라하게 보여 주기 때문입니다. 마침내 우리의 정체가 숨을 곳 없이, 벌거벗겨진 채 드러납니다. 일단 이렇게 드러나고 나면 우리는 더는 거짓된 '나'를 지키기 위해 싸울 수 없습니다. 그때까지 우리는 그게 '참된 나'인 줄 알았지만 실상은 아무것도 아닌 껍데기에 불과했기 때문입니다.

십자가에서 우리는 우리가 생명을 주는 존재를 혐오한다는 사실을 인정합니다. 이 고백은 '나'를 깊은 슬픔, 애통함에 잠기게 합니다. 그리고 이 애통함에 온전히 몸을 맡기면, 그 애통함이 '나'를 십자가에 달린 그분의 심장 한복판으로 데려갑니다. 바로 그곳에서 우리는 '참된 나'를 발견합니다. 그리하여 우리는 스스로 십자가에 못 박아 그토록 밀어내려 했던 바로 그 '온전한 모습'으로 다시 태어납니다.

이러한 길은 '창의 길'way of the spear, 곧 우리가 그분을 찌른 상처를 통과하는 길입니다. 이것이 바로 십자가에 달린 이가 우리가 잃어버렸다가 되찾은 정체성의 상징이 되는 결정적인 이유입니다. 우리는 예수가 되는 대신 그분을 십자가에 못 박았습니다. 하지만 그분을 십자가에 못 박았기 때문에 우리는 애통함의 치유하는 힘을 통해 그분이 됩니다.

이 피와 새로운 탄생의 신비 안으로 깊이 들어갈수록 과거에 우리가 저지른 죄들이 사실은 두려움의 표현이었음을 더욱 뚜렷이 보게 됩니다. 핵심은 두려움입니다. 두려움이 전혀 없는 그 중심에 대한 두려움 말이지요. 그 중심을 발견하고, 우리 두려움의 실체가 사실은 혐오였음이 드러나는 순간, 폭로된 두려움은 우리 기억 가운데 되살아나 자신이 우리 죄의 핵심이자 과거 수많은 행위를 푸는 열쇠임을 자백합니다.

그리스도교만이 '우리는 도대체 무엇을 두려워하는가?'라는 질문에 담대히 답할 수 있습니다. 그리스도교에서 이 질문은 결코 말장난이 아닙니다. 가장 뼈아픈 현실의 질문입니다. 그리스도교의 중심에는 두려움을 혐오로, 혐오를 다시 슬픔과 용서로 변모시키는 상징이 있기 때문입니다. 십자가는 악을 죄로, 죄를 다시 슬픔과 용서로 바꾸는 상징입니다. 상징이 가장 강력한 소통 방식임을 인정한다면, 그리고 인간을 다루는 철학이 우리 마음을 건드리고 움직이려면 반드시 상징의 형태를 갖추어야 한다는 점을 인정한다면 십자가에 못 박힌 예수라는 상징이야말로 인간이 자기 자신과 벌이는 이 비극적인 싸움을 가장 강력하게 표현하는 길이자 해결하는 길임을 받아들일 수 있습니다.

우리는 단순히 고통받는 누군가의 발자취를 뒤따르는 게 아닙니다.
우리는 예수의 고난 한복판에서 우리 자신을 발견합니다.

VII

고통 숭배에 관하여

그리스도교의 뼈아픈 오명 중 하나는 그리스도교가 고통
을 숭배한다는 것입니다. 그리스도와 함께 십자가에 못 박
히기를 갈망한다고 말하는 이 종교는 과연 어떻게 그 혐의를
벗을 수 있을까요? 예수의 고난이 지닌 독특한 구원의 능력
과 우리가 십자가에 달린 그분과 하나 되는 방식을 외면한다
면 그리스도교는 결코 이 혐의를 벗을 수 없습니다. 예수의
고난을 이해한다는 것은 곧 그 고난이 '나의 악'이 빚어낸 결
과임을 이해하는 것입니다. 십자가의 고난을 다름 아닌 우리
가 '참된 나'에게 가하는 고난으로 이해하는 것이지요. 회심
은 슬픔을 통해 일어납니다. 회심이란 우리의 위치를 십자가

에 못 박는 '자아'에서 십자가에 못 박힌 '참된 나'로 옮기는 일입니다. 인간은 악하고 소외된 상태 탓에 고통받고 있습니다. 예수께서는 우리에게 뿌리내린 고통을 먼저 의식하게 하시고, 그다음 구원의 차원으로 우리를 끌어올리십니다.

예수의 고난을 '참된 나'를 발견하는 자리로 보지 않는다면, 다시 말해 그분의 고난을 구원으로, 그 구원을 '참된 나'의 발견으로 보지 않는다면 고난 자체에 무슨 가치가 있다고 믿게 됩니다. 예수는 그저 고통받는 영웅이 되어버리지요. 십자가에서 삶의 의미를 드러내신 예수, 그분은 모방의 대상이 아닙니다. 물론 그분의 지상 생애를 마감하게 한 극심한 고통은 그분이 기꺼이 감내하신 일이 맞습니다. 하지만 그분은 이를 '삶의 방식으로 선택'하지 않으셨습니다. 죄로 가득 찬 세상에서 죄 없는 존재가 살아가며 치를 수밖에 없는 대가로 받아들이신 것이지요. 우리는 이 선택을 신비로 남겨두어야 합니다. 예수께서 선택하신 길을 우리가 영웅들의 미덕이나 지혜를 선택해 추구하는 것과 같다고 생각해서는 안 됩니다. 그러한 생각은 예수를, 그리고 그분을 따르는 이들을 마조히스트로 만들어 버립니다.

우리는 단순히 고통받는 누군가의 발자취를 뒤따르는 게 아닙니다. 우리는 예수의 고난 한복판에서 우리 자신을 발견합니다. 예수께서 겪으신 고통이 우리가 가한 고통임을 깨달을 때, 그 고통은 우리에게 도사리고 있는 악을 해결해 줍니다. 예수가 모방의 대상이 아닌 이유는 그분이 우리가 도저히 닿을 수 없거나 헤아릴 수 없는 존재여서가 아닙니다. 그분이 바로 우리 한 사람 한 사람의 '참된 나' 그 자체이시기 때문입니다.

십자가에 매달린 그는 누구입니까?
물론 예수입니다. 하지만 동시에 예수가 드러내는 온전함,
우리가 십자가에 못 박아 버린 인간 존재의
온전함 그 자체이기도 합니다.

그분은 서두르지 않고
우리를 추격하신다*

십자가에 달린 예수는 인간을 십자가에 매달리게 만드는 '그 무언가'로부터 인간을 해방합니다. 십자가에 매달린 그는 누구입니까? 물론 예수입니다. 하지만 동시에 예수가 드러내는 온전함, 우리가 십자가에 못 박아 버린 인간 존재의 온전함 그 자체이기도 합니다.

우리에게는 이 온전함에 대한 새로운 이해가 필요합니

---

* 19세기 시인 프랜시스 톰슨Francis Thompson의 시《천국의 사냥개》The Hound of Heaven에 나오는 구절에서 따온 제목이다. "나는 그에게서 도망쳤네. ... 그러나 서두르지 않는 추격과, 흐트러짐 없는 걸음으로 그는 위엄 있게 쫓아왔다네."

다. 지금까지 우리는 인간에 대해 살펴보았고, 우리를 진리와 선, 참된 사람이 되는 길로 부르시는 하느님의 뜻을 거스르게 하는 내면의 악에 대해서도 살펴보았습니다. 하느님께서는 우리에게 막연히 '온전한 존재가 돼라'라고 명령하시지 않습니다. 그분은 예수를 통해 우리가 되어야 할 모습을 제시하시고, 바로 그 인격이 되라고 부르십니다. 우리가 되어야 할 온전함은 예수라는 인격체로 우리 앞에 서 있습니다. 그 예수께서 우리를 부르고 계십니다. 하지만 우리는 그분을 두려워하고 십자가에 못 박아 버립니다. 아무리 강조해도 지나치지 않은 사실은 깊이 파고들어 가보면 우리의 악이 겨누는 칼끝이 결국 우리 자신을 향한다는 점입니다. 악에 휘말린 인간은 '참된 나'를 증오합니다. '자유로운 나'를 미워합니다. 악으로부터 자유롭고, 죄로부터 자유로운 '나'를 견디지 못하고 미워합니다. 그리하여 인간은 죄로부터 자유로운 인간 예수에게서 그토록 미워하던 '온전한 나', '참된 나'의 모습을 보고는 그를 혐오합니다. 예수께서는 바로 이 진실, 인간이 그 무엇보다 사랑해야 마땅할 바로 그 자기 자신의 자리에 혐오가 똬리를 틀고 있다는 진실을 보여 주십니다. 오직 예수께서 펼치시는 이야기 안에서 온전함과 정면으로 맞서는 혐오는 그 정체를 드러내고 피를 흘리며 온전한 인간으로 다시 태어나는 길 앞에 무릎을 꿇습니다.

　그러므로 예수는 우리를 십자가에서 내려 주시는 분이 아닙니다. 그분은 우리가 우리 자신을 십자가에 매다는 일에서 우리를 해방하십니다. 이후 인간의 삶에는 두 가지 고통이 생겼습니다. 하나는 인간이 두려움에 휘말려 자초하는 고통이고, 다른 하나는 그렇지 않은 고통입니다. 전자는 권력에 굶주리고 타인을 조종하는 이들이 받는 고통이며, 후자는 그 권력에 굶주리고 타인을 조종하는 이들에게 희생당하는 이들이 겪는 고통입니다.

　우리가 십자가에서 배우는 중요한 가르침 중 하나는 악인들, 곧 생명과 삶을 파괴하는 이들이야말로 고통받는 자들이라는 사실입니다. 십자가에 달린 예수께서는 그들에게 호소하십니다. 그들이 쏟아내는 악의의 진짜 희생자는 바로 그들 자신이라고 말이지요. 인간이 누릴 수 있는 가장 심오하고도 강력한 평화는 도망치기를 멈출 때 찾아옵니다. 억지로 멈추는 게 아니라 더는 도망칠 필요를 느끼지 않을 때 말이지요. 의지를 발휘해 억지로 도피를 멈추어 얻는 평화는 빈약하고 불안하기 짝이 없습니다. 참된 평화는 새로운 계시에 힘입어 인간이 자기 자신으로부터 도망치는 일을 멈출 때 찾아옵니다. 그렇다면 어떻게 해야 도망치는 일이 불필요함을 깨달게 되어 멈출 수 있을까요? 도망치게 만드는 원인인 두려움이 해결되면 됩니다. 두려움이 혐오로 바뀌어 예수를 십자가에 못 박았다가 마침내 사랑 앞에 무릎 꿇을 때 두려움은 극복됩니다. 이때 우리는 우리의 깊은 곳에서 피투성이가 된 그분의 모습을 봅니다. 그 모습은 인류가 알 수 있는 가장 큰 평화, 악이 작동하는 방식이자 끝없이 이어지는 파괴의 논리를 끝장내는 평화를 품고 있습니다.

여기서 우리는 비폭력이라는 주제와 마주하게 됩니다. 이른바 비폭력의 신학theology of nonviolence은 그리스도의 구원을 '폭력을 끝까지 받아내되 보복하지 않음으로써 폭력을 끝내는 행위'로 정의합니다. 그러나 이는 문제의 핵심을 건드리지 못한 것입니다. 물론 폭력은 보복을, 또 다른 폭력을 부릅니다. 하지만 이는 근본적으로 문제가 해결될 때까지 폭력은 멈추지 않고 계속된다는 더 큰 진실의 한 가지 예일 뿐입니다. 자기 자신에게서 도망치는 사람은 본질상 폭력적입니다. 이 폭력은 또 다른 폭력을 부를 뿐 아니라 그 자체로 끊임없이 새로운 폭력을 낳습니다. 십자가에 못 박히신 분께서는 단순히 보복하지 않는 것보다 훨씬 더 철저하게 폭력이라는 문제를 해결하십니다. 보복을 유발하는 원인 자체를 멈추게 하시지요. 그러므로 비폭력의 신학은 구원론의 핵심 원리가 될 수 없습니다. 비폭력은 구원의 원리가 아니라 '악이 죄로, 죄가 사랑으로 바뀌는 변모', 십자가가 일으키는 근원적인 변모의 결과이기 때문입니다.

폭력이 폭력을 낳는 상호작용만으로는 우리의 자기혐오를 제대로 설명할 수 없습니다. 혐오는 악이 자리 잡은 인간 마음의 핵심에 거주합니다. 폭력을 당했던 사람이 폭력을 휘두른 우리에게 보복하지 않는다는 사실만으로 우리가 회심하지는 않습니다. 우리는 우리가 휘두른 폭력이 결국 우리 자신을 향한 폭력임을 깨달아야 회심합니다. 십자가에 매달린 예수라는 상징을 통해 철저하게 드러난 '자기 자신'을 보아야, 가장 사랑스러우면서도 가장 미움받았던 나, 그러나 슬픔과 용서 가운데 온전한 나 자신을 보아야 회심합니다.

십자가에 달린 이는 단순히 폭력이 폭력을 낳는 끝없는 과정을 종결한 게 아닙니다. 그분은 그 과정을 움직이는 동력, 곧 '나'에 대한 끝없는 두려움, 자신으로부터의 끝없는 도피, 자기 자신에게 끝없이 자행하는 십자가 처형을 끝내셨습니다. 십자가에 달린 예수 앞에서 멈춰 서서 평화로 들어설 때, 우리는 사람들 사이에서 일어나는 갈등 해결 그 이상을 마주합니다. 우리는 십자가의 피로 평화를 이루시는 예수를 깊이 묵상하며, 그 심연에서 우리의 과거와 현재를 옭아

매던 '자유롭지 못함'을 발견하고 마침내 그 사슬에서 풀려 납니다.

아인 랜드Ayn Rand의 소설 속 강렬한 심상을 빌려 말하자 면 십자가에 못 박힌 예수라는 상징은 단순히 폭력을 휘두 르는 인간에게만 말을 걸지 않습니다. 이 상징은 "자기가 욕 망하는 죽음이 바로 자기 자신의 죽음이라는 사실을 알고 싶 지 않아" 기어이 살인을 저지르고 마는 인간의 더 깊은 절망 에 말을 겁니다. 물론 누군가는 비폭력의 실천도 제가 말한 예수 상징Jesus-symbol과 똑같이 기능한다고 반론할지 모르겠 습니다. 비폭력 역시 파괴하는 사람에게 당신이 파괴하는 대 상은 다름 아닌 당신 자신이라고 말해 준다는 것이지요. 실 제로 폭력에 비폭력으로 대응하면 폭력을 휘두른 사람은 핑 계 댈 곳이 없어져 결국 자기 자신과 마주하게 됩니다. 피해 자가 맞서 폭력을 쓰면 가해자는 안도감을 느끼지요. 자신의 행동이 정당하다고 느끼며 자기 안에 있는 혐오는 확실히 자 기가 아닌 상대를 향한 것이라고 계속 믿을 수 있기 때문입 니다. 피해자가 가해자의 게임에 자기도 모르게 협조해 주게 되는 것이지요. 그 게임에서 가해자는 말합니다. '내가 미워 하는 건 내가 아니야, 내가 두려움에 휘말리는 이유, 내가 불 안해하는 이유는 다 너 때문이야.'

이는 심리학의 전이transference와 역전이countertransference 이론으로도 설명할 수 있습니다. '전이'를 통해 '나'는 죄책감과 자기를 향한 혐오를 상대에게 떠넘깁니다. 상대가 그 감정을 받아 반응하는 순간, 곧 내 전이가 상대 안에서 '역전이'를 일으키면 상대는 '나'의 비겁한 자기 도피를 완성하는 공범이 됩니다. 현실, 내가 아닌 상대라는 현실이 '나의 도피'를 완벽하게 정당화해 주는 셈이지요. 상대를 죄인으로 만들고 비참하게 짓밟는 행위는 도피의 결과가 아니라 도피의 핵심입니다. 이때 상대는 내가 나를 피해 숨는 도피처가 됩니다. 하지만 상대가 이 작동 원리를 간파하고 역전이를 멈추면, '나'는 그때까지 밟고 있던 도피의 발판을 잃어버리게 됩니다. '나'는 다시 나 자신에게로 내동댕이쳐집니다. 상대를 통해 그토록 만족스럽게 처리해 오던 그 끔찍한 일을, 이제 오롯이 내 안에서 감당해야 합니다. 결국 '나'는 무너져 내립니다.

아인 랜드의 소설 『아틀라스』Atlas Shrugged 결말부는 이러한 사태가 얼마나 끔찍한지 잘 묘사하고 있습니다. 여기서 선한 사람을 전기 고문하던 지독한 위선자는 문득 자신의 고문 행위가 실은 삶 전체를 관통하는 기괴한 자기혐오였음을 깨닫습니다. 하지만 아인 랜드의 결말에는 치유가 없습니다. 고문자에게 고문당한 사람은 이제 "밑천이 다 드러난 핑계"이

자, 숨어 있던 내 비참한 꼴을 강제로 끄집어낸 실패한 방패막이일 뿐입니다. 피해자를 괴롭히며 내면의 지옥을 잠시 미루어 두었던 도피의 유효기간이 끝나면 마취가 풀린 가해자는 자신이 그토록 도망치려 했던 그곳, 자기 내면이라는 지옥으로 다시 쫓겨 들어갑니다. 하지만 십자가에 달린 이와 마주하면 전혀 다른 일이 일어납니다. 여기서 십자가에 달린 이는 고문자의 '참된 나', 곧 고문자가 잃어버린 아름다움의 상징이 됩니다. 물론 아인 랜드의 소설 속 고문당한 영웅의 몸 역시 아름답습니다. 그는 자신의 고문당한 몸으로 고문자를 향해 이렇게 선언합니다.

네 더러운 문제를 내게서 치워라. 여기에는 네 문제가 있을 자리가 없다. 네가 속한 지옥으로 가서 너와 함께 묻어버려라.

하지만 예수께서는 고문당한 몸으로 고문자에게 이렇게 말씀하십니다.

나는 바로 너다. 나는 네가 십자가에 못 박는 너의 아름다움이다.

상징은 바로 이렇게 고유한 힘을 발휘합니다. 상징은 타자, 곧 내가 아닌 존재를 통해 '나'에게 온전함을 비춰줍니다. 우리가 십자가에 못 박힌 예수를 바라볼 때 이런 일이 일어납니다. 그분은 십자가에 못 박힌 '나'의 온전함을 드러내십니다. 그분은 우리를 심판하지 않고, 오히려 희망으로 초대하십니다. 마치 집으로 부르시듯 우리가 십자가에 매달고 있는 바로 그 '참된 나' 안으로 들어오라고 우리를 이끄십니다.

두 상황의 차이를 명확하게 짚고 넘어갑시다. 사실의 힘이 수면 위로 드러날 때, 아인 랜드의 상황은 사기꾼을 가차 없이 파괴합니다. 반면 십자가에 달린 예수와 마주할 때 똑같은 사실의 힘은 우리를 밀어내지 않고 초대합니다. 진리가 가진 이 힘, 우리를 산산이 부수는 대신 하나로 모아주는 이 힘은 '상징의 나눔'symbolic communication이라고 불립니다. 상징의 나눔은 끔찍한 진실을 환대의 마음으로 전하는 행위라고 정의할 수 있습니다. 이는 쓴 약에 설탕을 바르는 눈속임과는 다릅니다. 핵심은 참된 상징, 예수라는 상징이 사랑의 힘을 발휘하여 우리가 도저히 감당하지 못하는 자신에 관한 진실을 감당할 수 있게 만드는 데 있습니다. 상징은 핵심을 숨기지 않습니다. 오히려 우리를 핵심으로 깊이 끌어당겨 그곳을 견디게 합니다. 상징은 죽음이 아닌 생명을 위해 진리를 그 자리에 놓습니다.

사실을 통해 '나'는 발각됩니다. 상징을 통해 '나'는 발견됩니다. 흥미롭게도 '발각되다'found out라는 영어 표현은 그 자체로 감찰관이 찾아왔을 때 내가 내 중심에 있지 않고 바깥out에서 겉돌고 있음을 보여 줍니다. 나는 마땅히 지켜야 할 내 인격의 중심을 지키지 못했습니다. 나는 중심에서 벗어나 겉돌고 있었고 나 자신을 통제할 힘을 잃었습니다. 이 모든 부재와 이탈의 심상은 악이 무엇인지 분명하게 가리킵니다. 악이란 마땅히 되어야 할 내가 되지 못한 상태, 즉 인격의 결핍을 가리킵니다.

'비록 너는 나를 보려 하지 않지만, 나는 바로 너다'라고 말하며 우리를 매료시키고 이끄는 이 초대의 방식은 앞에서도 말했듯 상징적입니다. 그러나 여기서 '상징적'이라는 말은 나눔의 구조와 방식, 나눔의 결을 가리키는 이름일 뿐입니다. 영혼이라는 요새 가운데 십자가에 못 박힌 이라는 상징을 세우고 그 상징에 생명을 불어넣으려면 훨씬 더 거대한 동력이 필요합니다. 그 동력은 전승을 통해 내려오는 예수의 선한 삶과 생명의 힘, 그리고 자기 파괴의 고통을 상징으로 승화할 수 있는 인간 정신의 깊은 힘이 만날 때 생깁니다. 이 두 줄기는 온전함의 영인 성령의 권능 안에서 하나로 합쳐집니다.

　비폭력이라는 대응과 십자가에 매달린 이가 지닌 온전한 의미의 차이는 또 다른 방식으로도 표현할 수 있습니다. 내가 변화되려면 타인에게 투사하는 자기혐오에서 빠져나오는 것만으로는 부족합니다. 내가 혐오하는 '참된 나'를 십자가에서 버림받은 한 인간이라는 '타자'의 모습으로 마주해야 합니다. 신앙인은 십자가를 보며 이렇게 고백합니다.

　　저기에 나의 생명, 나의 아름다움, 나의 가능성, 나의 인간다움이 있습니다. 우주의 신비를 내 안에 품어 인격으로 살아내는 인간 본연의 위대함, 그리고 내가 그토록 무시하며 버려두었던 '선하게 살고 싶다'는 꿈이 바로 저기 십자가에 달린 예수에게 있습니다.

이 고백이 '나'를 환대합니다. 저 예수가 바로 '참된 나'이며, 나의 의미입니다. 나의 상징이자 성사이며 나의 세례, 나의 빵과 포도주, 나의 사랑입니다. 우리가 타자를 파괴하기 위해 그 속에 숨겨두었던 '참된 나'를 다시 내 것으로 받아들이려면, 먼저 그 '참된 나'를 나를 온전하게 빚어내는 타자의 형상으로 보아야 합니다. '참된 나'가 나와 분리된 타자로 서 있다는 사실은 우리 마음에 슬픔을 일으키는 가시가 됩니다. 그리고 그 슬픔이야말로 그 '참된 나'를 다시 내 안으로 들이는 통로가 됩니다.

두 종류의 상징이 있습니다. 하나는 내 희망과 야망, 죄책감을 타인에게 덧씌우는 사사로운 상징입니다. 다른 하나는 십자가에 못 박힌 온전함이라는 '나를 넘어선 상징'입니다. 이 위대한 상징은 자기 회피를 위한 비겁한 수법에 기대지 않습니다. 오히려 만물을 창조하고 보존하며 생명을 북돋는 권능, 곧 우리 정신 가장 깊은 곳에 닿아 있는 그 신성한 힘에서 동력을 얻습니다. 인격이 성장하기 위해서는 전이를 해소하여 우리가 만들어 내는 사사로운 상징들을 부수어야 합니다. 하지만 구원자와의 만남을 설명할 때도 그런 식의 탈신화화 모형을 그대로 적용해서는 안 됩니다. 이는 구원의 동력마저 없애버리는 치명적인 실수입니다.

내가 겪은 이러한 슬픔이
어디에 또 있단 말인가*

십자가라는 신비는 죄의 지배 아래 놓인 인간의 고통을 분명하게 드러냅니다. 아담이 지은 죄가 인류의 삶에 스며든 악을 폭로하듯 십자가는 전 인격을 습관적으로 부정하고 파괴해 온 우리의 행실이 얼마나 잔인한지 하나의 극처럼 보여 줍니다. 이 신비는 우리가 저지른 파괴가 어떠한 고통을 낳는지 선명하게 제시합니다.

---

* 예레미야 애가 1장 12절에 나오는 표현. 무어는 이 구절을 통해 십자가 사건이 전무후무한 고통을 겪은 '한 인간'의 실제 절규임을 강조한다. 예수가 짊어진 고통의 유일성이 역사적 실재로서 존재할 때만, 그를 마주하는 인간의 회복도 비로소 실재가 된다는 핵심 논지를 함축하고 있다.

여기서 질문이 하나 생깁니다. 우리는 앞서 신앙을 가지고 십자가에 못 박히신 분과 마주할 때만 비로소 악이 죄라는 정체를 드러냄을 보았습니다. 유대 공회의 지도자들도, 빌라도도, 로마 군병도 인류가 지닌 모든 악을 드러내는 그 결정적인 죄를 저지른 주인공은 아닙니다. 오직 십자가에 못 박히신 분과 마주해 그분이 내뿜는 빛에 영혼의 심연이 드러난 이만이, 그 깊은 곳에서 그리스도를 못 박는 자신의 악을 깨닫습니다. 그가 바로 이 비극의 주인공입니다. 그렇다면 질문은 이렇습니다. 수난 이야기에 등장하는 인물 중 누구도 이러한 죄를 저지르지 않았다면, 십자가에 달린 예수는 대체 누구의 죄 때문에 고통받은 것일까요?

이 질문에 답하려면 십자가라는 구체적인 실상으로 들어가야 합니다. 십자가에 못 박히신 분과 마주하면 우리 정신은 그 압도적인 실재감에 눌려 모든 잠재력이 한계까지 팽팽하게 당겨지는 신비를 경험합니다. 이 신비가 그토록 강렬한 이유는 그분이 우리 머릿속 상상으로 만든 가상이 아니시기 때문입니다. 그분이 계신 곳에서는 감히 말하건대 생생한 피 냄새가 납니다. 그 만남을 통해 우리 자신은 살아나고, 훨씬 넓고 깊은 자아가 '나'의 개성으로 피어납니다. 하지만 그렇다고 해서 십자가가 내 정신의 투영일 뿐이라고 오해해서는 안 됩니다. 이 만남의 핵심에는 내가 아닌, 실제로 고통을 겪은 한 사람이 실재합니다.

여기에는 묘한 지점이 있습니다. '원형으로서 고통받는 그리스도와 나누는 친교'와 '과거에 고통받았던 한 인간 예수에 대한 기억'은 서로 별개처럼 보일지 모릅니다. 하지만 그리스도교가 지향하는 관상은 이 둘을 나누지 않습니다. 십자가에 못 박힌 예수라는 실재가 먼저 있기에 고통받는 그리스도에게서 나를 발견하는 불완전하고 점진적인 과정도 가짜가 아닌 진실이 됩니다. 내가 아직 내 것으로 삼지 못한 그리스도의 그 온전한 모습은 단순히 마르지 않는 관념 속 상징이 아닙니다. 그 모습은 이미 예수라는 한 인간의 삶에서 구체적으로 실현되었습니다. 신비 속으로 걸어 들어가는 모든 단계에서, 아직 도달하지 못한 '참된 나'로서의 그리스도는 관념적인 인간상이 아니라 어딘가에 실재했던 한 인간입니다. 이 긴장은 그리스도와 나누는 만남에서 핵심을 이룹니다. 십자가에 달린 예수라는 실재를 지워버리면, 내 안에서 '나'를 일깨우던 그 권능은 근거를 잃고 산산이 부서집니다.

그림을 더 넓혀 봅시다. 그리스도인으로서 우리는 그리스도와 관계를 맺으며 한편으로는 십자가에 못 박는 자로, 한편으로는 십자가에 못 박힌 자로 서게 됩니다. 둘 사이에는 무수히 많은 단계가 있습니다. 십자가에 못 박힌 이에게서 나 자신을 발견하지 못하는 한, 나는 여전히 회개하면서 그분을 십자가에 못 박는 자일 뿐입니다. 죽는 순간까지 모든 그리스도인은 이 박해자라는 자리에서 완전히 벗어나지 못합니다. 우리가 십자가에 못 박는 자로 서 있는 한, 십자가에 못 박힌 이는 타자이며 '내가 아닌 존재'입니다. 그리고 '내가 아닌 존재'를 가장 의미 있게 나타내는 존재는 실재하는 한 인간, 즉 또 다른 인간뿐입니다. 십자가에 달린 이를 단지 '아직 발견하지 못한 또 다른 나'로 치부해 버리는 순간, 만남이 주는 긴장과 실재감은 무너집니다. 내가 아직 내 안에서 찾아내지 못한 죄의 고통은 십자가에 못 박힌 실제 몸 안에 머물러 있습니다.

다시 말해, 우리는 십자가를 보며 점차 '참된 나'를 발견해 가지만 그곳에서 우리가 탐구하는 대상은 '참된 나'가 아닙니다. 탐구하는 현장, 곧 이 모든 탐구를 떠받치는 토대는 십자가에 달린 예수입니다. 인간이 처한 악한 실상이 가장 결정적으로 드러나는 고통은 한 인간을 통해 먼저 실체화되었습니다. 하느님께서 이를 뜻하셨습니다. 그는 '참된 나'를 찾아가는 여정에서 언제나 나보다 한발 앞서 서 있습니다. 그리고 그가 앞서 나간 그 자리는 막연한 잠재력이 아니라 십자가라는 구체적인 자리입니다.

그렇다면 루돌프 불트만Rudolf Bultmann처럼 예수를 신앙을 세우기 위한 재료 정도로 여긴다면 어떨까요? 예수를 그저 수많은 이가 겪은 운명을 똑같이 겪은 한 사람으로 여겨도 괜찮을까요? 결코 그래서는 안 됩니다. 그리스도교 신화가 내뿜는 힘이 그런 빈약한 역사 토대 위에 서 있다면, 십자가에 못 박힌 예수와 마주하는 일은 한낱 마음이 빚어낸 허상을 매만지는 유희와 다를 바 없습니다. 물론 불트만이 내놓은 견해를 거부하면 새로운 난관에 부딪힙니다. 역사 속 한 인물이셨던 예수께서 인류가 겪는 모든 수난을 자기 마음 안에 고스란히 담아내셨음을 정말 인정해야 할까요? 이를 진실로 믿는다면, 그때 예수가 겪은 고통이나 그런 고통을 짊어진 예수라는 존재를 온전히 담아낼 수 있는 말이 우리에게 있을지 모르겠습니다.

바로 이 지점에서 신약성서가 제시한 '죄 없는 사람'이라는 표현은 십자가에 달린 예수를 가리키는 적절하고도 우아한 실마리가 됩니다. 이 표현은 예수가 누구인지 구구절절 설명하는 대신, 우리가 그 신비에 다가갈 수 있게 하는 단단한 단서가 되어 주기 때문입니다. 강력한 이중 부정인 이 표현은 매우 독특한 방식으로 우리에게 다가옵니다. '죄 없는 사람'은 어떤 모습일까요? 일상에서는 그 실체를 알 길이 없습니다. 이 표현은 십자가에 못 박히신 분과 나누는 신앙의 만남이 무엇인지 가장 잘 보여 줍니다. '죄 없는 사람'은 천재성이나 인간이 지닌 탁월함을 묘사하는 말이 아닙니다. 오직 신앙하는 영혼이 직관하는 실재, 곧 그 만남의 근저에 있으며 언제나 우리보다 앞서 서 있는 한 인간을 가리킬 뿐입니다.

X
죄의 의미

이 책에서 줄기차게 주장했듯 신약성서의 핵심 사상은 죄
를 용서받는 일입니다. 그러니 죄가 무엇을 뜻하는지부터 분
명히 짚고 넘어가야 합니다. 죄에는 설명하기 힘든 모호함이
있어 커다란 혼란을 낳곤 하지요. '죄'라는 단어에는 두 가지
뜻이 있습니다. 하나는 인간이라는 존재 조건 자체가 지닌
결함이고, 다른 하나는 인간이 살아가는 가운데 구체적으로
저지르는 다양한 잘못들입니다. 첫 번째 의미에서의 죄는 온
우주를 아우르는 어떤 질서, 즉 신자가 하느님의 뜻과 같다
고 믿는 그 질서를 기준으로 삼습니다. 이 질서에 비추어 본
인간은 하느님께 닿지 못하고 저항하며 거부하는 상태에 놓

여 있습니다. 반면 두 번째 의미에서 죄는 문화마다 조금씩 다르게 표현되는 인간 사회 질서를 기준으로 삼습니다. 모든 문화가 공통으로 금지하는 범죄가 있을 수도 있지만, 기본적으로 이 질서에서 일어나는 모든 잘못은 인류가 스스로 만들어 낸 가치 체계에 따라 결정됩니다. 좀 더 간단히 말해 첫 번째 죄는 인간이 세상의 중심이 아닌 세계와 관련이 있고, 두 번째 죄는 인간이 중심인 세계와 관련이 있습니다. 두 가지 서로 다른 뜻을 한 단어로 쓰는 것은 마치 '파랑'과 '빨강' 이라는 말을 구분 없이 섞어 쓰는 것만큼이나 당혹스러운 일입니다.

이 모호함을 걷어내는 일은 얼핏 쉬워 보일지 모릅니다. 우주의 질서에서 벗어난 인류의 근원적인 실패와 절도, 살인, 강간 같은 구체적인 악행의 차이를 모르는 사람은 없으니 말이지요. 하지만 실제로는 그리 간단하지 않습니다. 사람들이 죄의 두 가지 의미를 이상하게 뒤섞어 버리는 경향이 있기 때문입니다. 성폭행 같은 끔찍한 일이 일어났을 때, 어떤 이들은 이는 인간이 자신을 우주의 중심으로 착각하기 때문에 벌어지는 죄의 한 형태일 뿐이라고 말합니다. 어떤 이들은 대성당을 짓는 인간의 오만함과 성폭행이라는 참혹한 범죄를 같은 층위에서 설명하려고까지 하지요. 이는 구체적인 악이 지닌 무게를 관념 속에 희석해 버리는, 도덕적으로 무감각한 처사입니다. 즉 죄의 근본적인 의미를 '인간이 자신을 실재의 중심으로 여기는 태도'에 국한하고, 모든 개별 악행을 그저 그 태도가 드러난 결과로 치부해 버려서는 안 됩니다. 인간이 지닌 자기중심성을 더 분명하게 드러내는 태도와 행위가 있습니다. 그리고 사회에서는 이를 악으로 규정합니다(물론 사회가 정작 자기 눈에 박힌 들보는 보지 못한 채 개인을 향해 네 눈의 티를 빼내 주겠다고 으스대며 거대한 위선을 떨고 있다는 사실을 잊어서는 안 되겠지요).

따라서 우리는 죄라고 불리는 행위나 태도보다는 그 행위가 어떤 지평 위에서 벌어지고 있는지 보아야 합니다. 여기서 두 지평은 명확히 갈립니다. 한쪽 지평에서 보면 성폭행은 인간이 타인의 존엄과 자신의 품위, 나아가 사회 전체가 세운 질서를 무시하고 오직 자신의 쾌락만 좇기로 선택한 행위입니다. 다른 지평에서 보면 이 행위는 인간이 지금 당장 느끼는 자신의 욕망을 절대시하며, 눈앞에 실재하는 모든 가치와 하느님을 거부하며 자기 자신을 세계의 주인으로 세우려 한 행위입니다.

물론 여기에도 난관이 있습니다. 우리 대다수가 근원적인 죄의 지평에만 머문다면, 도덕적 감수성은 오히려 무뎌질 수 있습니다. 인간 세상의 불평등을 보며 예언자들이 쏟아냈던 그 불같은 분노를 떠올려 보십시오. 거기에서 지극히 인간다운 울분을 빼버리고 하느님만 생각한다면, 외침은 힘을 잃고 말 것입니다. 하지만 우리가 도덕적으로 각성하기 위해 하느님을 생각하는 것만으로는 충분하지 않다는 사실이야말로 하느님이라는 실재가 우리 안에서 얼마나 희미했는지를 역설적으로 보여 줍니다. 하느님께서는 만물을 삼키는 뜨거운 실재이시지만, 우리에게는 그저 힘없는 생각에 불과한 셈입니다. 그리스도 안에서, 그리스도를 통해 이루어지는 죄의 용서를 논하며 우리가 마주하는 죄의 본질이 이것입니다. 복음이 전하는 핵심은 이 근원적인 지평이 우리 곁에 가까이 왔으며 마음을 여는 이들에게는 이 지평이 삶을 지배하는 생생한 실재가 된다는 것입니다. 이것이 바로 하느님 나라입니다. 이 관점에서 보면 비로소 죄가 무엇인지 보입니다. 죄는 하느님을 가짜처럼 여기는 마음입니다. 실재하는 세상을 허상으로 보고 허상을 실재로 믿는 태도입니다. 자기가 가진 삶의 작은 파편이 전부인 양 움켜쥐고 그 안에 갇혀버린 상태입니다. 죄는 자신이 거대한 전체의 일부라는 사실을 잊은 채 그 전체가 없으면 아무런 의미도 없음을 부정하며 태연하게 살아가는 거대한 무관심입니다. 이를 깨닫고 나면 몇 가지가 분명해집니다.

첫째, 굳어버린 마음을 녹여 죄를 용서받는 일이야말로 우리에게 가장 절실한 은총입니다. 하느님과 인간을 진지하게 대하는 종교라면 이 용서를 중심에 두어야 합니다.

둘째, 나치 수용소처럼 우리가 쉽게 악하다고 단정 짓는 끔찍한 비극들은 사실 평소 우리가 미처 인식하지 못한 채 품고 있는 죄의 원리를 노골적이고 철저하게 적용한 결과입니다.

셋째, 눈에 보이는 혐오스러운 악행들은 앞서 말한 죄의 근원적인 본질을 폭로하는 증거로 읽힐 때만, 비로소 예수가 죽음을 통해 짊어진 '죄'가 됩니다.

넷째, 우리는 거대 악과 '선량한 우리' 사이에 엄청난 차이가 있다고 믿고 싶어 합니다. 그래서 죄를 인간 본성에서 엇나간 특이한 일탈로 보려 하지요. 하지만 죄는 우리 안에 숨은 평범한 성향이 극단적으로 부푼 모습입니다.

다섯째, 죄를 본성의 연장선이 아니라 단순한 일탈로 보는 순간, 예수께서 우리 죄를 대신해 죽으셨다는 교리는 그 참뜻을 잃고 무너집니다.

앞서 언급했지만, 궁극적인 지평에서의 죄를 바라본다고 해서 일상에서의 도덕 기준이 사라지지는 않습니다. 성폭행

범과 성당 건축가가 저지른 죄는 똑같지 않습니다. 그러나 이 둘을 등치하지 않는 이유는 따로 있습니다. 궁극적인 지평에서 죄를 이해하는 사람은 개별 행위들을 비교하며 어느 쪽이 더 나쁜지 가늠하는 데는 관심이 없습니다. 그는 다만 하느님이 중심인 우주에서 인간이 자신을 중심에 세우려 하는 그 끔찍한 자기중심성에 압도될 뿐입니다.

이 거대한 죄의 실상에 눈을 뜬 사람은 대개 사회가 '죄'라고 낙인찍은 노골적인 행위를 통해 그 첫발을 내딛습니다. 그런 행동을 돌아보면 "나 말고는 다 지옥에나 가라"고 외쳤던 자기 안의 목소리를 훨씬 더 선명하게 들을 수 있기 때문입니다. 이냐시오가 회심한 직후 자신의 문란한 사생활과 무모했던 행동들을 떠올리며 괴로워한 것도 이 때문입니다.

한편, 지극히 평범하고 선량해 보이는 행실 밑바닥에 똬리를 틀고 있는, "나 말고는 다 지옥에나 가라"는 완강한 목소리를 알아차리려면 자신을 깊이 들여다보는 훈련이 필요합니다. 복음서가 바리사이인보다 창녀를 선대하는 이유도 여기에 있을지 모릅니다. 모두가 자기 행위의 뿌리를 보지 못하고 눈이 먼 세상에서, 차라리 노골적인 죄인은 하느님을 거부하고 자기를 선택했던 과거를 훨씬 더 선명하게 볼 수 있기 때문입니다. 바리사이인이 회심을 한다면, 영적인 섬세함은 큰 자산이 되겠지만 바로 그 섬세함 때문에 회심이 가로막히기 쉽습니다. 물론 회심한 이들이 가까운 지평을 통해 드러난 죄의 맥락에서 자기 죄를 고백하는 태도가 두 지평 사이의 혼란을 부추기기도 합니다. 하느님의 자비를 강조하려 했던 이냐시오와 아우구스티누스의 타락상은 아이러니하게도 그 자비를 가리는 부작용을 낳았습니다. 자비는 인간을 깊은 잠에서 깨우는데, 그 결과 노골적인 죄악은 그 잠에서 꾼 악몽이라는 사실이 가려지게 된 것이지요. 심지어 예수께서 창녀들을 대우하신 일조차 신학에서 오해를 낳기도 했습니다. 신학자들은 창녀가 곧 죄인이라고 가정했습니다. 하지만 죄는 결코 그런 뜻이 아닙니다.

죄에 관한 복잡한 논의가 결코 가려서는 안 될 사항이 하나 있습니다. 우리가 그리스도 안에서, 그리스도를 통한 죄의 용서와 구원을 말할 때, 그리고 신약성서의 핵심이 죄의 용서라고 선언할 때 그 죄는 오직 궁극적인 지평에서 바라본 인간의 행실을 가리킨다는 점입니다. 그 지평에서 죄는 인간이 하는 모든 일 가운데 은밀하게 자신의 권세를 주장하며 하느님과 같은 지위를 차지하려 드는 교만을 뜻합니다. 인간 개개인의 잘못과 구별되는 이 인류의 죄를 제대로 이해하지 못한다면, 구원의 신비는 죽은 문자가 되고 맙니다. 그리스도께서 우리를 건져 올려 주신 구렁텅이가 실제로 몸서리 처지는 비참한 운명이 아니라면 그 구원에 무슨 의미가 있겠습니까?

물론 여기서 우리는 구분해야 합니다. 성령께서는 그리스도론이 위태로울 때 신자들의 마음에 예수가 삶의 중심임을 알려 주시듯, 구원론이 혼란에 빠졌을 때도 죄의 근본적인 의미를 가르쳐 주십니다. 하지만 신학에서 죄의 개념을 명확히 세우기 위해서는 묵상을 넘어 누구나 수긍할 만한 보편적인 인간 이해 속에서 죄가 어디서부터 시작되는지 그 뿌리를 찾아야 합니다. 이제 그런 이해가 가능해지고 있습니다. 오래된 문화의 편견이 걷히면서 인류가 그동안 벌여온 거대한 기획을 관찰할 수 있게 되었으니 말이지요. 인류는 자신이 지닌 근원적인 연약함을 부정하기 위해 몸부림쳐 왔습니다. 우리의 역사 전체가 이러한 부정을 특징으로 하고 있다고 해도 과언이 아닙니다. 그리스도께서 죽음으로 감당하신 죄는 아담 신화가 가리키듯 하느님을 거부하는 인간의 태도이며, 이 태도는 인류 역사에 면면히 흐르고 있습니다. 과거에는 온갖 악행을 뒤섞어 화려한 수사로 이를 묘사했다면, 이제는 명확한 개념으로 설명할 수 있습니다. 우리 안에 도사린 악은 두려움에 쫓겨 자신의 연약함을 인정하지 않으려 발버둥 치고, 그 불안을 잠재우려 오직 자기 자신에게만 매몰되는 방식으로 움직입니다. 이것이 바로 우리 의식 밑바닥에 똬리를 틀고 앉아 있어 좀처럼 피하기 힘든 나르시시즘의 정체입니다. 죄란 오직 십자가에 달린 예수만이 온전히 받아들인 그 '연약한 인간의 운명'을 끝까지 부정하려는 태도입니다. 인간의 죄는 예수를 십자가로 밀어 넣었고, 또 밀어 넣어야만 했습니다.

그동안 그리스도교는 아담 신화에서 실을 뽑아 인간론이라는 거대한 사상의 옷을 지어왔습니다. 그리고 이제 이 신화는, 정신분석학이 인간의 깊은 상처를 들여다볼 때 사용하는 나르키소스 신화와 하나로 만납니다. 어니스트 베커의 통찰 덕분에 인간을 나르시시즘으로 해석하는 시선이 단순한 심리 분석을 넘어 존재론의 차원으로 나아갔기 때문입니다. 바로 이 지점에서 두 신화는 짝을 이룹니다. 아담 신화가 인간이 눈을 뜨고 자의식을 얻음으로써 치른 대가로 받아 든 청구서가 무엇인지 보여 준다면, 나르키소스 신화는 우리가 현실에서 그 빚을 갚기 위해 얼마나 몸부림치고 있는지를 보여 주지요.

흥미롭게도, 인간을 연구하는 세속 학문이 찾아낸 악의 뿌리는 그리스도교가 말하는 죄와 놀라울 정도로 닮았습니다.

자신의 연약함을 부정하려는 몸부림이라는 열쇠는 우리가 흔히 쓰는 정상과 비정상을 동시에 풀어냅니다. '정상'이라고 불리는 사람들은 자신의 연약함을 감추는 데 꽤 성공했고 사회에서도 그렇다고 인정받은 이들입니다. 한편 '비정상'인 이들, 정신분석학이 일탈이나 도착으로 분류하는 증상들은 그 연약함을 감추려다 실패해서 빚어진 기괴하고 위태로운 몸부림입니다. 인간이 이 근원적인 문제를 피하려 얼마나 발버둥 치는지를 이해하면, 처한 상황에 따라 그 회피가 얼마나 다른 모습으로 나타나는지가 더 선명해집니다. 그리고 이는 겉보기에만 번듯한 사람의 속내와 죄가 빚어낸 괴물 같은 모습을 동시에 꿰뚫어 보는 그리스도교의 죄 이해와 다르지 않습니다.

오해하지 마십시오. 끔찍한 죄는 정신 병리 현상과 동일하다는 이야기가 아닙니다. 다만 그 둘이 작동하는 방식이 놀라울 정도로 닮았다는 점을 지적하는 것입니다. 모든 인간이 '죽음'이라는 진실을 외면하는 세상에서 변태나 비정상인이라 불리는 이들과 정상인의 관계는 모든 인간이 하느님의 실재를 거부하는 세상에서 흉악한 죄인과 겉보기에 번듯한 사람의 관계와 닮아 있습니다. 우리가 모두 어떤 의미에서는 미쳤다고 보는 심리학의 시선은 우리가 모두 죄인이라고 선언하는 그리스도교의 시선과 정확히 포개집니다. 현대인은 평범한 의식으로는 감당할 수 없는 거대한 삶의 문제에 자신이 던져졌음을 깨닫기 시작했습니다. 이러한 새로운 시각은 이름만 붙지 않았을 뿐 본질상 신학의 질문이기에 신학에도 커다란 중요성을 지닙니다. 그동안 신학은 우리를 창조하시고, 우리에게 질문하시며, 우리를 이끄시는 하느님의 '이름'에만 지나치게 의존해 왔습니다. 정작 창조되고, 질문을 받으며, 어딘가로 인도받고 있는 인간 경험에는 충분히 주목하지 못했지요.

우리는 단순히 고통받는 누군가의 발자취를 뒤따르는 게 아닙니다.
우리는 예수의 고난 한복판에서 우리 자신을 발견합니다.

XI

시선을 더 깊게 하기

예수 그리스도에게서 일어난 사건은 하느님께서 본래 의
도하신 '참된 나'와 인간의 치열한 싸움을 우리에게 보여 주
었습니다. 이 싸움은 거부와 증오, 십자가 처형과 파괴, 그리
고 마침내 항복과 새로운 생명이라는 과정을 거치며 전개됩
니다. 언젠가 오스카 와일드Oscar Wilde는 말했습니다.

인간은 누구나 자신이 사랑하는 것을 죽인다.

자신 안에 있는 악을 직면하지 않고 어물쩍 넘어가려는 사람
은 사랑이 무엇인지 결코 알지 못할 것입니다. 그런 사람은

십자가에 달린 예수를 결코 받아들일 수 없습니다. 십자가가 응축된 악을 도리어 생명을 새롭게 할 재료로 삼는 상징인 동시에, 인류가 벌인 짓이 얼마나 헛된지 보여 주는 상징이라는 사실은 결코 우연이 아닙니다. 이는 인간 심리의 정교한 법칙에 정확히 맞아떨어집니다. 십자가 위에서 피를 쏟으며 서서히 죽어 가도록 버려진 몸, 우리가 믿어온 모든 가치가 쓸모없음을 보는 듯 보란 듯이 냉담히 입을 다문 죽음까지 이 모든 비극은 질서 안에 있습니다. 만물을 지탱하시는 하느님의 능력 안에서, 악은 인류를 짓밟고 승리했다는 사실을 완벽한 상징을 통해 과시할 기회를 얻었습니다. 하지만 악이 그토록 원했던 그 완벽함은 도리어 악을 스스로 파멸시키는 덫이 되고 맙니다. 십자가 처형은 악이 하느님께 맞서 자신을 지키려다 도리어 부활이라는 천둥을 불러오고 마는 현장입니다.

십자가에 달린 예수를 보며 우리는 '하느님께서 날 사랑하시니 나도 날 미워하지 말아야지'라는 식의 위로를 얻는 게 아닙니다. 그보다 우리 안에 있는 자기혐오가 절정에 달해 비명을 지르고, 인정하고, 고백하며 항복하는 과정을 거칩니다. 자기혐오는 하느님의 사랑을 막는 방해물에 그치지 않습니다. 하느님께서는 이 자기혐오를 사랑으로 바꾸시며 당신을 드러내십니다. 이때 자기혐오는 하느님을 만나는 통로입니다. 하느님께서는 그저 '너 자신을 미워하지 마라'라며 타이르는 분이 아니십니다. 그분은 우리의 자기혐오를 뜯어고쳐 사랑으로 바꾸시는 분입니다. 이것이 십자가의 진짜 의미입니다.

우리의 죄가 곧 자기혐오라는 사실을 깨닫는 순간 명백해지는 진실이 있습니다. 예수께서는 바로 우리의 '참된 나'를 대변하시며 우리의 죄(자기혐오)를 온몸으로 겪으십니다. 그분이 겪으시는 고난은 죄에 빠진 우리 안에서 주인 노릇을 하는 '자아'가 겪는 고통이 아니라, 그 자아의 횡포에 짓눌려 신음하던 '참된 나'가 겪는 고통입니다. 이 고통은 예수의 십자가 처형을 통해 완전히 드러났고 해결되었습니다. 그리고 십자가는 이를 상징하게 되었으며 수난passion이라는 고귀한 이름으로 불리게 되었습니다.

믿음으로 이 신비를 응시하며 죄인인 우리는 불화해 왔던 참된 나에게로 뛰어듭니다. 살의를 품고, 절박하게, 혹은 희망을 품고서 (그 속내야 누가 알겠습니까?) 말이지요. 그리고 바로 그곳에서 우리는 받아들여지고, 잃어버렸던 정체성과 자유를 되찾습니다. 죄의 본질이 자기혐오라는 사실을 인정하는 순간, 이 사랑과 피의 신비는 강력하게 중심을 다시 잡습니다. 자기혐오를 더 격렬하게 드러낼수록, 그를 붙드시는 하느님의 손길은 더 강력해집니다.

하지만 이 주장이 신학에서 성립하려면 한 가지 전제가 필요합니다. '자기', 우리 안에 있는 '참된 나'가 하느님을 대신해 이 땅에 서 있는 그분의 존엄한 대리자viceroy여야 한다는 것입니다. 그래야만 '참된 나에 대한 혐오'가 곧 하느님을 욕되게 하는 심각한 죄가 될 수 있습니다. 바로 이 때문에 구원론을 다시 정립하기 위해서는 융이 말한 '자기'the self라는 개념을 붙들고 활기차게 상상력을 발휘하며 씨름해야 합니다. 기존의 신학은 성육신의 깊이를 제대로 담아내지 못하고 있습니다. 그저 하느님이 예수라는 한 인간과 일치했다는 교리를 먼저 확정한 뒤 십자가에 달린 예수가 하느님의 사랑을 표현했다고 설명할 뿐이지요. 기존의 설명은 하느님의 사랑이 역동적인 과정, 곧 우리가 피조물이라는 사실을 견디지 못해 자기 자신에게 품었던 적개심을 해결하는 과정 그 자체로 성육신하셨다는 엄청난 사실을 제대로 담아내지 못합니다.

XII

인격을 이해할 때 꼭 필요한 표현

나이가 들수록 우리는 타인과 주고받는 영향에 대해 점점 더 예민해집니다. 그러다 문득 중요한 사실 하나가 서서히 드러납니다. 누구도 중립에 있지 않으며 중립을 지킬 수도 없다는 사실 말이지요. 구김살 없고 솔직한 사람들을 떠올려 봅시다. 그들과 만나 이야기를 나누고 헤어지고 나면 뒤늦게 이런 의문이 들 때가 있습니다. '이 사람들을 만나면 삶의 옹졸하고 추잡한 면이 보이지 않아. 그런데 그런 식으로 현실을 외면하게 만드는 것은 기만이 아닐까?' 이를테면 의심 많고 정 안 가는 남편을 둔 아내가 있습니다. 남들 보기에 그녀는 착하고 아름다우며 마음씨까지 너그러워 보입니다. 이 관계에서 아내는 분명 피해자입니다. 하지만 남편 눈에는 태산처럼 거대해 보이는 질투거리와 의심거리가 (사실 여부를 떠나) 그녀에게 아예 존재하지 않습니다. 아내는 자신의 고통을 덜어내기 위해 이를 제삼자에게 납득시키고 그녀의 너무나도 태연하고 결백한 태도에 제삼자는 남편을 예민한 정신병자로 여기며 그의 고통을 가짜나 망상으로 치부하게 됩니다. 비록 사실이 아니라 할지라도 그에게는 처절한 현실인데, 모두가 합심해 그 현실을 지워버리는 것, 여기에 끔찍한 잔인함이 숨어 있습니다.

누군가 찾아와 자신이 얼마나 부당한 일을 겪었는지 이야기할 할 때 항상 빠뜨리는 중요한 요소가 하나 있습니다. 바로 상대방입니다. 물론 억울함을 호소하는 사람이 자신의 입장을 이해받고 싶어 끊임없이 상대 이야기를 꺼낼 수도 있습니다. 하지만 상대의 관점은 본질상 그 상대만 지니고 있습니다. 다른 사람의 관점은 그가 말하는 어떤 의견이 아닙니다. 그의 관점은 본질상 그 사람 자신입니다. 상대는 버젓이 존재함으로써, 그 사실 하나만으로 세상을 향해, 그리고 '나'를 향해 자신의 몫을 내놓으라며 강력한 권리를 행사합니다.

우리는 저마다 자신이 정당하다고 변론하려 들지만, 사실 우리 한 사람 한 사람은 그 자체로, 남이 감당해 주어야 할 하나의 문제입니다. 다들 자기 문제를 해결해 달라고 아우성이니 정작 누구의 사정도 마땅히 받아야 할 배려를 받지 못합니다. 내가 배려를 구하는 상대가 나를 배려해 주지 못하는 이유는 상대 역시 자기 문제에 매달려 있기 때문입니다. 바로 그 점 때문에 나 역시 상대를 배려해 주지 않습니다. 상대가 나를 배려하지 못하게 가로막고 있는 상대의 문제를 나 또한 헤아려 주지 않습니다. 상대가 비극 속에 홀로 남겨졌는데도 내버려 둘 수밖에 없는 내 안의 한계, 그것이 바로 '나'의 비극입니다. 이는 모든 인간이 이기적이라는 뜻이 아닙니다. 그저 '참된 나'가 아닌 '자아'를 지닌 사람들이 함께 살아갈 때 일어나는 모습을 보여 줄 뿐입니다.

인간은 본성상 일종의 자석과 같아 현실을 자기 방식으로 휘게 만듭니다. 우리 한 사람 한 사람은 현실이 '나'라는 자기장을 중심으로 돌아가기를 원하고, 원할 수밖에 없습니다. 물론 악의를 가지고 노골적으로 타인을 조종하는 행위는 비난하고 억제해야 마땅합니다. 하지만 우리가 순진함을 벗고 인정해야 할 사실이 있습니다. 타인과 함께 살아가는 인간은 타인을 조종하려는 존재라는 것입니다. 우리는 누구나 세상이 내 식대로 되기를 바랍니다. 그런 바람을 완전히 멈추는 건 인간이기를 포기한다는 뜻과 다름없습니다.

누군가에게 "그래, 네 멋대로 해"라고 했을 때를 떠올려 보십시오. 그 말에는 상대를 거절하고 유보하는 태도가 담겨 있습니다. 말로는 상대에게 자유를 주는 척하지만, 진실은 상대와 관계를 끊고 그의 자유를 박탈하는 것이지요. 서로에게 자유를 준다는 말만큼 정직하지 못한 말이 없습니다. 상대를 존중한다며 하는 '허용의 말'은 실은 그를 내 삶에서 '내치는 말'입니다.

우리가 진실로 서로에게 바라는 바는 다른 방식의 허용, 즉 '참된 나가 되어도 좋다'는 허용입니다. 이는 단순히 '나'의 자기장을 묵인해 주는 양보가 아닙니다. 각자 보이지 않는 경계를 그려 놓고 서로 침범하지 않기로 합의하는 것도 아닙니다. 그 경계 안에서 '나'는 자유롭지 않기 때문입니다. '나'의 자유가 꽃필 수 있는 유일한 환경은 다른 이들이 빚어내는 환경뿐입니다. 공동체는 바로 이렇게 이질적인 사람들이 함께 있는 것입니다. 공동체 안에서는 '나'를 웅크리게 만들고 거짓된 모습을 보이게 만든 타인들, 자기 몫을 요구하는 타인들이 오히려 내가 살아가며 창조적으로 '나'를 드러낼 수 있는 온도이자 습도, 즉 배경이자 환경이 되어 줍니다. 이런 놀라운 인간 현상은 분명 실재합니다. 매우 드물기는 하지만 말이지요.

공동체를 보기 드문 이유는 대다수 사람에게 공동체를 감당할 여력이 없기 때문입니다. '나'는 상대가 상대 자신이 되도록 내버려 둘 여유가 없습니다. 현실을 내 식대로 통제하려 움켜쥔 손의 힘을 뺄 여유가 없기 때문입니다. 내 자기장의 전원을 끌 여력도, 겉으로는 상대를 비난하거나 못마땅해하는 태도로 표출되는 내면의 두려움을 떨쳐 낼 여력도 내게는 없습니다.

어떤 이들에게는 이 말이 아주 단순하게 들릴 수 있습니다. 자기장의 전원을 손쉽게 꺼버리는, '히피' 같은 낭만주의자들에게는 이것이 전혀 문제 될 게 없지요. 이들은 서로 비난할 가능성이 없기에 당신이 무엇을 하든 "네가 뭘 하든 난 다 좋아"라고 말할 것입니다. 이는 기만이며 당신도 이를 본능적으로 알고 있습니다. 누군가 당신이 무엇을 하든 다 좋다고 이야기한다면 그것은 그가 당신을 고유하고 소중한 사람으로 여겨서가 아니라 당신을 아무것 중 하나로 여기기 때문입니다. 이 낭만주의자들은 현실주의자처럼 "날 건드리지 마. 그러면 나도 널 건드리지 않을게"라고 말하지 않습니다. "건드리지 말라니 그게 무슨 소리야? '혼자'라는 건 없어"라고 말하지요. 하지만 있습니다. 피 흘리고, 끔찍하게 굶주려 있고, 연약한 존재가 있습니다. 바로 인간이지요. 낭만주의

자들은 인간을 위한 따뜻한 환경을 만들겠다고 하면서도 사실상 황량한 사막을 만듭니다. 마치 거대한 축제가 끝난 장소처럼 말이지요. 손쉬운 사랑이라는 열병은 인간이라는 복잡다단한 종을 한낱 메뚜기 떼로 바꾸어 버립니다.

본능을 따라 현실을 꽉 움켜쥐던 사람이 타인을 위한 든든한 터전으로 변모하는 과정, 생명의 빵을 구하던 자가 생명의 빵이 되는 과정에는 결코 지름길이 없습니다. '나'는 나의 움켜쥠이 상대의 삶을 방해할 뿐 아니라 나의 삶까지 방해한다는 사실을 배워야 합니다. 마찬가지로, 내 자기표현을 가로막으며 위험하니까 하지 말라고 막는 존재는 상대가 아닙니다. 나의 자기표현을 막는 존재는 현실을 내식대로 움켜쥐려 하는 나 자신입니다. 이 모든 소용돌이의 한복판에는 자기 자신과 싸우는 인격이 있습니다. 자유를 얻으려던 몸부림이 도리어 '나'를 가두는 감옥이었습니다. 삶을 붙들려던 그 손이, 결국 나 자신의 목을 조르고 있었습니다. 그렇다면 '나'는 과연 이 손을 놓을 수 있을까요?

바로 이 지점에서 그리스도교는 놀랍고도 야심 찬 이야기를 합니다. 우선 그리스도교는 앞선 질문에 이렇게 답합니다.

아니, 당신은 그 손을 놓을 수 없습니다. 적어도 '온전한 인격'이 되려면 말이지요. 당신이 움켜쥔 손에서 힘을 빼려면 총체적인 변화가 일어나야만 합니다.

하지만 '총체적'이라는 말도 오해할 수 있습니다. 변화의 규모가 엄청나게 커야 한다는 뜻으로 들릴 수 있지요. 그러나 그리스도교의 주장이 기이한 이유는 변화의 규모가 아닌 방식을 말하기 때문입니다. 그리스도교는 자멸의 태도를 없애는 게 아니라 오히려 더 끝까지 밀어붙이게 합니다. 그리고 우리가 두려워하고 억압해 왔던 '참된 나'를 위해 하나의 상징을 만듭니다. 이 상징은 꿈의 세계에서 길어 올린 게 아닙니다. 인류가 피땀 흘려 길을 개척해 온 바로 그 역사에서 길어 올린 것이지요. 이 상징이 인간 존재의 핵심으로 드러나는 순간, 인류는 자신이 가지고 있던 모든 두려움을 토해내 결국 그 상징을 파괴합니다. 좀 더 중요한 점은 이 상징이 인류를 질책하기 위해 드러난 게 아니라는 사실입니다. 이 상징은 인류가 그 앞에서 마음껏 자신의 욕구를 발산하게 만듭니다. 그리스도교는 우리가 '온전함'을 파괴하도록 이끕니다. 그리고 바로 그 파괴 행위를 통해 결코 파괴되지 않는 사랑을 발견하게 합니다. 존재를 움켜쥐려는 '나'의 열망보다 더 강한 사랑, 오직 그 사랑의 힘에 기댈 때만 우리는 '인류 공동체' 안에서 살아갈 수 있습니다. 그 힘은 가진 모든 화살을 다 쏘아버리고, 하느님 없이 홀로 서려는 '나'의 힘을 완전히 소진해야 비로소 우리에게 찾아옵니다.

그리스도인은 인간으로서 쏠 수 있는 화살을 다 쏜 사람, 그리고 하느님의 사랑 안에서 '참된 나', '두 배로 온전한' 자신을 발견한 사람입니다. 십자가에 매달린 이와 함께 살아가는 법을 익히면 새로운 정체성이 우리 안으로 서서히 흘러들어옵니다. 이 생명은 분명 내 이름을 가지고 있으면서 동시에 타인이 자라날 수 있는 토양이 되어 줍니다.

이 과정은 심리학에 비추어 봤을 때도 놀라울 만큼 정교합니다. 오늘날 심리학은 점점 더 '자아'의 가치를 깨달아 가고 있습니다. 한때 심층심리학은 무의식에 잠재된 풍요로움을 밝혀냈고 이 우월한 생명의 원천을 활용하기 위해 '자아'를 약화하려는 유혹에 빠지기도 했습니다. 그러나 연구가 성숙해지고 경험이 쌓이면서 그러한 방침은 결국 재앙을 초래한다는 사실이 드러났습니다. 우리는 무의식의 힘을 불러내야 하지만, 그 과정에서 자아를 뒤흔들거나 의심에 빠뜨려서는 안 됩니다. 바로 이 지점에서 자아가 그 능력을 마음껏 펼칠 수 있는 활동을 꼽으라면 저는 주저하지 않고 십자가에 못 박힌 예수를 바라보며 묵상하는 일을 꼽겠습니다. 이보다 더 좋은 활동은 없다고 생각합니다. 이 활동을 통해 우리의 '자아'는 자신이 예수를 십자가에 못 박는 자임을 깨닫습니다. 내 앞에 있는 예수, 십자가에 못 박힌 예수는 내 아름다운 명상을 위해 고요한 모습으로 있는 온전한 인간의 모범이 아닙니다. 우리가, 내가 살아가는 방식이 낳은 희생양입니다. '자아'가 변화하면서도 고유의 활력을 잃지 않아야 한다는 심층심리학의 요구에 완벽히 부합하는 과정을 그리스도교는 제시합니다. 십자가에서 우리는 생명을 십자가에 못 박은 자로서, 그러나 동시에 용서받은 자로서 생명의 깊은 곳으로 들어가는 신비로운 과정을 거칩니다.

십자가에 못 박힌 예수는 내 아름다운 명상을 위해
고요한 모습으로 있는 온전한 인간의 모범이 아닙니다.
우리가, 내가 살아가는 방식이 낳은 희생양입니다.

XIII

정욕

우리는 중요한 결정을 내릴 때마다 '무엇을 선택할지' 묻습니다. 이 분명한 질문 아래에는 '나는 어떠한 사람이 되고 싶은가?'라는 모호한 질문이 깔려 있지요. 이 질문은 모호하지만, 자유의 본성을 분명히 가리킵니다. 가까운 친구에게 속마음을 털어놓는 순간을 떠올려 보십시오. 이 심층에 있던 질문은 수면 위로 드러납니다. 우리는 그제야 지금 내 삶에서 무엇이 위태로운지, 왜 이 결정이 그토록 중대한지 뼈저리게 느낍니다. 하지만 '어떠한 사람이 되고 싶으냐'는 질문은 늘 모호해서 우리가 상황을 통제하고 있다는 느낌을 전혀 주지 않습니다. '그 직업을 택할까, 말까?'와 같은 명확한 질문의 층위에서는 내가 내 삶을 완벽히 통제한다고 느낄 수 있습니다. 통상적인 의미에서 '나'는 그 질문을 던질 때 자유롭습니다. 하지만 '나는 어떠한 사람이 되고 싶은가?'와 같은 질문의 차원으로 내려가면 나의 자유는 그리 명쾌하지 않습니다. 그러나 바로 그 불명확한 곳에 실재하는, 가장 생생하며, 가장 본연에 가까운 자유가 있습니다. 이는 자유의 역설입니다. 자유가 가장 자유다운 곳은 아직 자유가 실현되지 않은 곳입니다. 자유가 막 실현되려고 몸부림치는 바로 그곳에서 '나'의 자유는 진실하게 살아 숨 쉽니다.

자유는 삶이라는 이어지는 과정 가운데 있으려 하고, 실현되려 애씁니다. 우리가 의식하든 의식하지 못하든 이러한 충동은 멈추지 않고 나아갑니다. '나'는 복잡하지만, 어떤 면에서는 꽤 잘 돌아가는 하나의 가정household과 같습니다. 내 생존을 위해 헌신하는 여러 체계가 얽혀있는 복합체지요. 어떠한 상황에서도 어떤 식으로든 작동한다는 점에서 이 복합체는 꽤 잘 돌아가고 있습니다.

라너는 이를 '자발성'이라고 불렀습니다. 그리고 이 자발성이 자유에 의해 통합되지 않고 제멋대로 작동하는 상태가 '정욕'concupiscence이라고 말했지요. 우리 대부분에게서 정욕은 제멋대로 작동합니다. 거룩하고 온전한 사람은 그 정도가 훨씬 덜하지만, 모든 인간 안에서 무시 못 할 비중을 차지하지요. 이러한 정욕은 악과 어떻게 관련되어 있을까요? 정욕 그 자체가 악으로 기우는 성향은 아닙니다. 정욕이 자유와 함께하지 않고 제 갈 길을 간다고 해서, 그 사실만으로 정욕 안에 악이 있다고 할 수는 없습니다. 악은 온전함의 결핍, 즉 하나로 통합되지 않는 것입니다.

내 자유가 '이 직업을 선택할 것인가, 말 것인가'를 고민하는 선택의 영역에 갇힐 때 악은 발생합니다. 직업을 선택하는 그 자유가 '나는 어떤 사람이 되고 싶은가?'와 같은 더 깊은 차원의 자유를 실현하지 못할 때 문제가 생깁니다. 물론 직업을 선택하는 일은 내가 어떤 사람이 되어가고 있는지 더 분명하게 규정해 줄 것입니다. 그러나 '나'는 그 형성 과정에 얼마나 관여하고 있을까요? 직업이 나를 벼리는 동안 나는 나 자신을 얼마나 벼리고 있을까요? '나는 얼마나 자유로운가?'라는 질문에는 이런 뜻이 담겨 있습니다.

이 점을 분명하게 이해하려면 "결정을 내리는 자유"와 "결정에 영향을 받는 자유"를 구별할 필요가 있습니다. 결정을 내리는 자유가 나의 자발성 깊은 곳까지 뚫고 들어가지 못하면, 우리는 정욕에 휘둘리는 상황에 처하게 됩니다. 이때 '나'는 직업 선택과 같은 부분에서는 자유로울지 모르나 나 자신에 대해서는 부자유합니다. 내가 가장 자유로워야 할 곳, 자유가 진짜 자유다워야 할 곳은 바로 그 깊은 곳인데 말이지요.

거듭 말하지만, 악은 정욕 자체에 있지 않습니다. 악은 나의 자발성이 결정을 내리는 자유와 엇박자를 낼 때 나옵니다. 이때 어느 쪽이 더 낫거나 나쁘다고 할 수는 없습니다. 둘 중 어느 쪽이든 천사의 편에 설 수 있습니다. 내 자발성이 파괴적인 관계를 향해 치닫고 있다면, 자발성에 맞서 파괴적인 관계를 맺지 않는 것이 올바른 결정일 것입니다. 이 경우에는 결정을 내리는 자유가 천사의 편에 섰다고 할 수 있겠지요. 반대로, 중대한 사안에서 거짓말하기로 '결정'했다고 칩시다. 그런데 거짓말을 하는 순간, 얼굴이 시뻘게지면서 속마음을 들키고 맙니다. 이 경우 옳은 편에 선 것은 나의 결정이 아니라 거짓말을 거부한 나의 자발성입니다. 물론 두 경우 모두 온전한 선은 아닙니다. 선의 일부만 성취했을 뿐이지요. 첫 번째의 경우 자발성을 추운 문밖에 세워둔 채 결정만으로 선을 행했고, 두 번째의 경우 자발성만으로 선을 드러냈습니다.

두 상황 모두에 깃든 근원적인 악은, 내가 간음을 저지르려 하는 정욕을 느꼈다거나 거짓말을 했다는 사실에 있지 않습니다. 악은 간음을 피하기는 했으나 내 전 존재로 피하지 않았다는 사실, 의도적인 거짓말 그 자체보다 내가 나의 일부만으로 행동할 수 있다는 사실에, 즉 내가 분열되어 있다는 사실에 있습니다.

마르틴 루터Martin Luther는 인간이 하느님의 법에 불순종할 수밖에 없다고 말한 바 있습니다. 하느님의 법은 마음에서 우러나는 순종을 요구하는데, 정욕에 이끌리는 인간은 마음(곧 완전한 자발성)에서 우러나는 순종을 할 수 없기 때문이지요. 이는 로마인들에게 보낸 편지에서 바울이 한 말과 일맥상통합니다.

> 율법은 영적인 것이지만 나는 육에 매인 존재입니다. (로마 7:14)

여기서 "영적인 것"이란 '온전한 인격에 말을 건네 마음에서 우러나는 순종을 요구하는 것'을 의미합니다. 반면, "육에 매인" 상태는 온전한 인격이 아닌 상태, 곧 자발성과 결정이 분열되어 있는 상태를 의미합니다. 이렇게 분열된 인간은 온전한 인격을 원하시는 하느님께 제대로 응답할 수 없습니다. 따라서 순종할 수 있는 부분(결정을 내리는 부분)은 선하고 영적이며, 순종하지 않는 자발성은 악하고 영적이지 않다고 생각하는 것은 이 구절을 오해하는 것입니다. 사람에게는 선한 부분이 따로 없습니다. 선은 본질상 전체, 온전함의 문제입니다. 인간의 악은 인격을 이루는 부분들이 온전히 하나를 이루지 못하는 데 있습니다.

하느님께서는 우리에게 온 존재의 움직임, 즉 삶 전체를 요구하십니다. 달리 말해 그분은 우리의 온 존재를 담은 찬미를 원하십니다. 이러한 맥락에서 인간의 온전함이란 개인이 내리는 선택의 영역, 좀 더 정확히 말하면 자신이 주체로서 결정을 내리는 영역이 본성의 움직임, 자발성의 영역과 완전히 포개지고 이를 통해 표현되는 상태, 융의 용어를 빌리면 무의식이 더는 존재하지 않는 상태를 말합니다. 마땅히 조화를 이루어야 할 두 부분이 서로 조화를 이룬 상태라고도 할 수 있지요. 물론 우리가 익히 알고 있는 인간의 조건에서 이런 상태는 불가능합니다. 하지만 부분으로라도 이 조화를 이룬 사람을 보았을 때, (특별히 비뚤어진 심성을 지닌 사람이 아니라면) 사람들은 그를 지혜롭고 바람직한 사람으로 여깁니다.

전통 스콜라 신학은 정욕으로부터 자유로운 상태에 대해 매우 놀라운 주장을 했습니다. 이 신학에 따르면 자유롭지 못한 상태는 병들고 온전치 못한 상태입니다. 그렇다면 반대로 온전한 상태는 인간이 마땅히 갖추어야 할 본성의 완성이어야 하겠지요. 그런데 스콜라 신학은 정욕이 없는 상태를 하느님께서 주시는, 본성을 넘어서는 선물preternatural gift이라고 했습니다. 하느님께서 인간을 지으셨으니 책임지고 빚을 갚듯 마땅히 채워 주셔야 하는, 인간이라면 응당 갖춰야 할 기본 조건이 아니라는 것이지요. 뒤집어 말하면, 인간은 태어날 때부터 어딘가 고장 난, 병든 존재라는 뜻입니다. 이 생각이야말로 하느님의 영감을 받은 탁월한 직관이라고 생각합니다. 스스로 결정하는 인격과 저절로 움직이는 본성의 분열, 이것이야말로 우리가 아는 가장 근원적인 분열입니다. 이 분열이 빚어내는 갈등의 변주는 끝이 없고, 인간관계를 한순간에 뒤틀어 버리는 힘 또한 끝이 없습니다. 이런 분석을 받아들인다면, 우리는 인간에게는 하느님을 향하는 선한 쪽과 하느님을 등지는 악한 쪽이 있다는 식의 유치한 그림에서 완전히 벗어날 수 있습니다. 하느님의 뜻을 찾고 행하기로 자유롭게 '결정'했지만, 제멋대로 솟구치는 욕구의 영역에서 격렬한 저항에 부딪힌 인간이 보일 뿐입니다.

통상적인 분석을 따르면 이는 하느님을 향한 의지와 하느님을 거스르는 정욕의 싸움입니다. 그러나 제멋대로 솟구치는 욕구는 단순히 자유로운 결정을 방해하지 않습니다. 그보다는 욕구들이 의지의 통치 영역에서 빠져 있기에, 그 결정이 빈약해지고 덜 거룩해지는 것입니다. 우리가 저항해야 하는 유혹에는 역설적으로 우리가 그 유혹에 맞서며 지키려 하는 선의 동력이 깃들어 있습니다. 제 주변은 생명력을 찾아 헤매는 세속적인 사람들과 하느님을 찾아 헤매는 반쪽짜리 경건한 사람들로 나뉩니다. 이는 우리 내면이 정욕과 제대로 화해하지 못했을 때 일어나는 참상, 의지와 욕구라는 인간 내면의 거대한 힘이 분리되어 자유롭지 못한 상태를 적나라하게 보여 줍니다. 세속적인 친구들과 경건한 친구들 모두 이 분열 상태에 있습니다. 경건한 친구들은 하느님을 향해 나아가려는 나머지 인간의 욕구를 너무 많이 도려내 버렸습니다. 반면 세속적인 친구들은 욕망을 좇은 나머지 욕망이 진정으로 꽃피고 인간다워지기 위해 반드시 거쳐야 할 길인 절제와 훈련을 끝없이 미루고 있지요.

하느님께서는 우리에게 온전한 인간이 되라고 요구하십니다. 하지만 우리는 이를 거부하고 있지요. 온전한 인간성을 상징하는 예수의 십자가 처형은 우리가 온전해지기를 거부한다는 사실을 만천하에 드러낸 사건입니다. 여기에서 라너는 인간이 하느님을 거부하게 되는 구조를 정확하게 짚어 냈습니다. 그에 따르면 하느님께서 요구하시는 온전함에 대한 거부는 '결정'과 '자발성', 혹은 의지와 욕구가 서로 따로 놀려는 경향으로 나타납니다. 우리는 둘이 따로 노는 걸 선호합니다. 어떤 결정 앞에서든 자신의 일부를 슬쩍 빼돌려 남겨 두려고 애쓰지요. 유혹에 맞선다고 하면서도 마음 한구석에서는 그 유혹을 계속 만지작거립니다. 결단을 내림과 동시에 잘되지 않았을 경우 빠져나갈 구멍을 찾아 연신 두리번거립니다. 그래서 우리 삶 가운데 확정적인 것은 아무것도 없습니다. 그리고 우리는 그런 미완의 상태를 원합니다. 우리는 구제 불능으로 양다리를 걸치는 사람입니다. '나'라는 존재가 오롯이 하나가 되어 누군가에게, 혹은 무언가에게 온전히 '예'라고 응답하는 상황, 나 자신을 조금도 남겨두지 않아 후퇴할 가능성이 사라지는 상황을 두려워합니다. 물론 아주 깊은 곳에서 우리는 이를 원합니다. 그래서 기도하는 가운데 그렇게 되기를 갈구하기도 하지요. 하지만 이 갈망은 두려움과 나눌 수 없을 만큼 뒤엉켜 있습니다.

십자가는 그 꿈이 끝나는 사건,
인간이 쌓아 올린 그 거대한 기획 전체가
아름답게 붕괴하는 사건입니다.
십자가는 사랑이신 하느님을 중심에 모신 인간이
도피했던 자기 자신에게로 다시 틈입하는 사건입니다.

참된 구원

　그리스도교는 혁명입니다. 그리스도교는 그리스도의 죽음을 화해의 사건으로 만듭니다. 우리가 하느님을 설득하는 것이 아니라 하느님께서 우리에게 설득력 있는 분으로 다가오셔서 우리 마음에 자리 잡은 두려움의 신을 몰아냅니다. 그리스도교는 하느님께 다가가기 위해서는 우리의 생각과 마음을 열기만 하면 된다고 분명히 이야기합니다. 그분의 진노를 달래야 한다는 생각은 그리스도교 처음부터 존재하지 않았습니다. 구원은 두려움이 기적처럼 멈추는 사건이며 그 결과 완전히 새로운 하느님께서 나타나시는 사건입니다. 그분은 더는 인간의 악몽이라는 렌즈를 통해 왜곡된 신이 아닙니다.

　이러한 앎의 전환이 자리 잡으려면 꾸준한 묵상이 필요합니다. 우리는 종교와 인간관계를 맺는 방식, 자연스럽고 관습에 자리 잡은 종교적 사고방식에 하느님의 진노를 달랜다는 생각이 얼마나 깊이 박혀 있는지 깨달아야 합니다. 지금부터는 이를 여러 차원에서 명백히 드러내 보려 합니다.

　먼저 공식 신학의 차원에서 봅시다. 신학자들은 그리스도교가 이교의 희생 제사처럼 문자 그대로 하느님의 진노를 달래는 문제는 없다고 단언합니다. 하지만 그리스도의 속죄가 어떻게 작동하는지에 대해서는 온갖 이론이 상충하고 있지요. 신학자들은 이 모든 게 신비라고 말하기도 하는데, 피에 굶주린 하느님이라는 심상을 씻어내야 하는 마당에 그런 표현을 하면 오히려 의문이 생깁니다. 우리는 어째서 그리스도의 희생이 하느님의 진노를 달래는 것이 아닌지 명확한 설명을 요구해야 합니다. 그리고 이에 대한 답은 이렇습니다. 그리스도의 희생은 달래는 것이 맞습니다. 그러나 그분의 희생은 하느님의 진노를 달래는 것이 아니라 하느님에 대해 겁먹은 우리를 달래고 진정시켜 하느님을 받아들이게 하는 데 그 목적이 있습니다. 하지만 통상적인 신학 설명들을 보면, 여전히 그 방향이 우리에게서 하느님에게로 향해 있지요. 피를 흘리는 제사가 과거 이교도들의 제사와는 기능이 좀 다르다는 식으로 핵심을 얼버무리면서 말입니다. 신학자들이 그토록 '신비'라고 포장하는 그 내용의 핵심은 사실 놀라울 정도로 단순합니다. 도무지 이해할 수 없는 파격적인 행동을 하는 누군가를 보고 의아해하다 그 모든 행동이 실은 '나'를 사랑해서 한 일이었음을 문득 깨달은 것이지요.

그다음 윤리의 차원에서 생각해 볼까요. 우리는 진리에 이르는 여정에는 고통과 대가가 따른다는 경험에 나온 논리를 들이댑니다. 그러면서 그리스도의 수난이 그 대표적인 예라고 말하지요. 하지만 이 논리는 펠라기우스와 매우 닮았습니다. 이때 그리스도의 고뇌는 진리에 이르기 위해 피를 대가로 내어주는 최고의 모범 사례가 되기 때문이지요. 이번에도 생각의 방향은 우리에게서 하느님에게로입니다. 우리는 예수께서 그 일을 해내셨다고 생각하지요. 물론 '우리를 위해서'라는 말을 덧붙이기는 합니다. 하지만 그 초인적인 인내를 발휘한 행위가 어떻게 '우리를 위한' 행위인지는 분명하지 않습니다.

마지막으로 우리 안에서 여전히 강력하게 작동하는 본능의 차원에서 어떠한지 살펴볼까요. 여기서 종교는 신의 호의를 얻기 위해 동원하는 일련의 시도들이라 할 수 있습니다.

그러다 보니 그리스도의 희생도 이 목적을 달성하기 위해 동원되는 온갖 술수들과 은밀하게 뒤섞여 버립니다. 이번에도 사유의 방향은 우리에게서 시작해 하느님에게로 나아갑니다. 여기서도 문제는 우리가 하느님에게 도달하는지 여부입니다.

그리스도교는 이처럼 인간의 모든 층위, 앎, 도덕, 본능의 차원에서 전제하고 있는 사유의 방향을 뒤집어 버립니다. 단순히 수정하거나 다른 방식으로 대체한 것이 아닙니다. 이교의 제사보다 좀 더 멀리 나아간 것도 아닙니다. 말 그대로 방향을 뒤집은 것입니다. 이렇게 방향을 뒤집으면 우리는 하느님에 대해 완전히 새롭게 생각하게 됩니다. 우리는 그분이 우리가 감히 다가갈 엄두조차 내지 못하던 우리 자신의 악에 우리보다 더 가까이 계심을 깨닫게 됩니다. 하느님은 악에서 도망쳐 선을 찾아 달려가면 그 길 끝에 계시는 게 아니라 악 한가운데서 우리를 붙잡으십니다. 인류의 이상이 지향하는 모든 것이 철저하게 외면하려 하는 바로 그 아픈 곳에 그분이 계십니다.

그렇다면 왜 우리의 사고방식은 우리에게서 시작해 하느님에게로 나아가는 관성을 따를까요. 그 답은 앞선 이야기에 이미 암시되어 있습니다. 의식을 가진 동물인 인간은 자의식을 가지고 있으면서 동시에 거대한 자연 과정에 휘둘리는 존재입니다. 그래서 두려움을 자아내는 우연성, 덧없음을 잊게 해 줄 어떤 이상, 고귀한 존재를 만들려 하지요. 이를 위해 인간은 자신의 중심에서 멀어집니다. 이 처절한 기획 가운데 인간이 만든 모든 것(제도, 상징, 권력자, 신, 심지어 유일신 관념)은 중심에서 멀어져 이상을 향해 나아가려는 거대한 도피 운동의 산물일 뿐입니다. 이러한 면에서 잉카의 제사든 플로티누스Plotinus의 지적, 도덕적 정진이든 모든 종교적 탐구는 그곳에 이르려는 시도, 무언가를 해내려는 분투입니다. 종교란 결국 인류가 자기 자신을 고귀하게 만들고 의미를 성취하려는 꿈입니다. 그런데 모세와 그 이후 계시들을 통해 '초월적인 한 분 하느님'에 대한 믿음이 이 꿈에 접목되었습니다. 그리고 마침내 '사람의 아들'의 죽음을 통해 그 하느님과 연합이 이루어졌다는 소식을 듣게 되었지요. 하지만 수천 년간 우리 내면에 굳어진 습관은 이 소식을 초월적인 하느님께서 우리를 내려다보며 마침내 "좋다, 너희가 해냈다. 나는 만족한다"고 말씀하시는 사건이 일어났다고 받아들입니다. 그리스도의 피를 통한 구원을 인간이 스스로 품고 있던 거대한 꿈에 실재가 길들여지는 사건으로 해석해 버리는 것이지요. 그러나 실제로 벌어지는 일은 그와 정확히 반대입니다. 십자가는 그 꿈이 끝나는 사건, 인간이 쌓아 올린 그 거대한 기획 전체가 아름답게 붕괴하는 사건입니다. 십자가는 사랑이신 하느님을 중심에 모신 인간이 도피했던 자기 자신에게로 다시 틈입하는 사건입니다.

이 모든 말이 한낱 이론처럼 들릴지 모르지만, 그 의미는 당혹스러울 정도로 실질적입니다. 우리의 종교 심성이 제대로 작동할수록 십자가에서 하느님께서 보여 주시는 저 사랑은 우리 눈에 비참하고 초라하게 보입니다. 그리고 실제로 그러합니다. 하느님께서는 비참하고 초라한 자리에 계십니다. 그분께서는 우리가 견딜 수 없어 하는 바로 그곳에 계십니다. 사람들이 자신의 고귀함이나 숭고함 속에서 절대자를 찾으려 할 때 정작 그 절대자는 비참함과 초라함 속에 계십니다. 그리스도의 수난을 통해 드러난 하느님의 사랑은 우리가 머리를 쥐어짜며 이해하려 했던 신의 모습과는 전혀 다릅니다. 그 사랑을 발견했을 때의 기분은 누군가가 나를 아무런 이유 없이 그저 사랑하고 있다는 사실을 뒤늦게 깨달았을 때 드는 기분과 비슷합니다. 얼굴이 화끈거릴 정도로 쑥스럽지만 동시에 너무나 기뻐 가슴이 벅차오르지요. 앞에서도 이야기했듯 인간은 늘 자신의 덧없음을 마주하기 싫어 자신에게서 도망칩니다. 하지만 사랑에 빠지면 그 도망을 멈추지요. 남녀 간 사랑의 순간은 잠시나마 사람들을 멈춰 세우고 발길을 돌리게 하는 축복의 시간입니다. 그리고 믿음의 눈으로 바라본 예수의 십자가는 이 방향 전환을 완전하고도 영원히 현실로 완성합니다. 물론 이 완전한 반전이 이루어지는 현실의 맥락은 여전히 녹록지 않습니다. 우리는 여전히 우리의 동물성을 두려워하고 우리 자신을 고귀하게 만들려 애쓰는 의식을 지닌 동물입니다. 우리는 여전히 이러한 방식으로만 생존할 수 있습니다. 달리 말해 여기에는 재림Parousia 때에야 비로소 해소될 긴장이 있습니다. 그날이 올 때까지, 우리의 평범한 인간성은 늘 화들짝 놀랄 수밖에 없습니다. 그리스도 안에서, 그리스도를 통해 나타난 하느님의 사랑이 너무나 겸손하고, 비천하고, 초라하며, 믿기 힘들 만큼 평범해 보이기 때문입니다. 묵상이란 바로 이 '놀라움의 순간'들을 더 자주 경험하도록 돕는 훈련입니다. 어느 예수회 피정 지도 신부님은 십자가상을 가리키며 이런 이야기를 한 적이 있습니다. "하느님께서는 이런 방식으로 우주를 운영하십니다." 십자가에 못 박히신 분을 바라보는 일은 생존 투쟁에만 몰두하지 않도록 우리를 멈춰 세우는 가장 강력한 치료책입니다. 바울은 말했습니다.

하느님께서 … 세상을 그리스도 안에서 자기와 화해하게 하
신 것입니다. (2고린 5:19)

이 구절을 통해 하느님께서 우리에게 건네시는 목소리를 들
어 보십시오.

네가 나를 찾겠다고 파괴하는 사람, 바로 그 사람 안에 내
가 있다.

윌리엄 셰익스피어William Shakespeare의 희곡《오해 연발 코미
디》A Comedy of Errors에서 등장인물들은 서로의 정체와 의도
를 몰라 끊임없이 오해하고 헛다리를 짚습니다. 하지만 모든
의문이 풀리는 대단원에 이르면 진실이 밝혀지고 모두가 행
복해지지요. 우리 종교사 전체가 바로 이 '오해 연발'의 희극
입니다. 그리고 이 희극은 골고다 언덕에서 대단원의 막을
내립니다. 여전히 어둠에 잠긴 세상이 이를 둘러싸고 있지만
말이지요. 이 희극은 성도들에게 웃음을 선사하여 그들을 강
하게 만듭니다. 마침내 세상을 구원할 힘은 바로 그 웃음에
서 나옵니다.

한 가지 분명히 해 둘 점

누군가는 이렇게 따질지도 모르겠습니다. "당신 말에는 모순이 있습니다. 어떨 때는 인간이 자기 자신을 십자가에 못 박는 존재라고 했다가, 또 어떨 때는 자기를 사랑하고, 숭배하고, 자기에게만 몰두하는 존재라고 하니 말입니다." 하지만 그건 제 논리의 모순이 아닙니다. 우리가 살피고 있는 '하느님 없는 인간'이라는 존재 자체가 세상에서 가장 강력한 자기모순 덩어리입니다. 우리는 하느님 없이 존재할 수 없습니다. 그리스도 안에서, 그리스도를 통해 우리는 하느님과 온전히 함께 있습니다. 그렇기에 이 상태를 제대로 이해하려면 역설적으로 그에 상응하는 하느님 없는 인간을 철저하게 살펴보아야 합니다. 그리스도께서 우리와 함께 계신다는 엄연한 사실은 역설적으로 그분이 부재한 상황이 얼마나 끔찍할 수 있는지도 보여 줍니다. 세상의 빛을 관장하는 주 전원 스위치가 있다고 해보지요. 전원을 올려서 세상이 환하게 밝아졌다는 사실은 반대로 그 전원을 내리는 순간 세상이 끔찍한 어둠으로 곤두박질칠 수 있다는 뜻이기도 합니다. 그렇다면 "하느님 없는 인간"에는 어떤 논리가 담겨 있을까요? 인간은 자신의 생명을 향해 이렇게 말합니다. "내게는 너뿐이야. 너는 내가 가진 전부야."

우리는 이러한 사랑 고백에 사랑받는 이를 향한 위협이 도사리고 있음을 경험으로 알고 있습니다. 이러한 '자기 숭배'는 인간의 삶이라는 무한한 기적을 제단 위에 놓고 박제해 버리는 것과 다름이 없습니다. 그렇게 되면 삶은 제한을 받고 일종의 소유물, 자산이 되어버립니다. 인간을 숭배하면 숭배할수록 인간은 마비되며 생명은 꼼짝 못 하게 됩니다. 자기 숭배의 참된 속뜻은 자기 자신을 십자가에 매달아 처형하는 것입니다.

죽음에 이르기까지

지금까지 우리는 십자가 처형과 우리 내면의 상호작용을 살펴보았습니다. 특히 십자가에 대한 직면, 의식의 고양, 슬픔, 치유, 자아 발견처럼 주로 신자에게 어떤 일이 일어나는지 살펴보았지요. 여기에는 예수께서 실제로 겪으셔야 했던 죽음과 그 과정은 포함되지 않았습니다. 우리가 말한 상호작용의 핵심 재료는 우리의 죄가 예수를 죽게 만들었다는 사실에 있지, 예수께서 죽음이라는 과정을 얼마나 영웅처럼 통과했느냐에 있지 않기 때문입니다. 예수께서 죽음을 겪으시는 과정은 우리가 죄를 깨닫고 용서받는 상호작용이 확장되어 드러난 것이지, 그 상호작용을 이루는 핵심 요소는 아닙니다. 이 구분은 매우 중요합니다. 이 책 전체를 한 문장으로 요약하면 이렇습니다.

죄로 말미암아 일어난 예수의 죽음이 곧 우리의 생명이다.

예수께서는 우리의 죄 때문에 죽으심으로써 우리를 구원하셨습니다. 구원은 죄인인 인간이 십자가에 못 박힌 예수를 대면할 때 일어납니다. 이 기초적인 개념(죄와 용서)을 흐릿하게 만든 뒤 예수의 죽음을 인류 구원을 위한 하나의 모범이 되는 선례나 따라야 할 과정으로 말하는 것은 치명적인 실수입니다. 이는 죄에 대한 용서를 매개하는 희생 제물을 치워 버리고 그 자리에 우리 이름으로 죽음을 돌파해 새로운 생명을 얻은 영웅을 앉히는 것과 다를 바 없습니다. 물론 예수께서는 우리를 위해 죽음의 권세를 깨뜨리셨습니다. 하지만 죽음의 권세는 죄에서 나옵니다. 그러므로 예수께서는 죄를 용서하심으로써만 이 권세를 깨뜨리실 수 있습니다. 그 외에 죽음을 깰 수 있는 다른 방법은 없습니다.

이를 전제해야만 예수가 겪은 죽음의 과정도 의미를 갖습니다. 그래야만 그분의 죽음은 이 세상에서 흔히 일어나는 죽음처럼 알 수 없는 수수께끼나 비극이 아니라 구원을 향한 과정으로 보이게 됩니다. 이제부터는 이 순서를 바로잡으려 합니다. 순서가 중요합니다. 먼저 죄와 그 해결이 있어야 하고 죽음이 지닌 상징성은 그다음입니다.

왜 우리는 이 순서를 엉망으로 만들었을까요? 죄를 강조하는 소리에 신물이 났기 때문일까요? 십자가에 달린 예수를 묵상하는 일에 지쳐서 그런 것일까요? 저의 경우를 돌아보면 죄가 '나 자신을 십자가에 못 박는 행위'임을 깨달을 만큼 성숙하지 못했습니다. 십자가에 달린 예수를 알아볼 만한 자원이 없었던 것이지요. 그래서 이탈리아 시골 교회에서 강렬한 체험을 하고도 뒤돌아서자마자 까맣게 잊어버렸던 것입니다. 온전함을 거부하고 불완전함을 선호하는 악한 성향은 결국 죽음에 대한 갈망입니다. 좀 더 정확히 말하면 온전한 인간을 보여 주는 예수가 죽기를 바라는 갈망이지요. 그러나 여기서 놀라운 반전이 일어납니다. 예수가 죽기를 바라는 이 악은 구원의 문턱에 서 있는 악이기도 합니다. 이것이 우리를 둘러싼 궁극의 신비입니다. 우리의 악, 온전해지기를 거부하는 우리의 경향이 오히려 우리를 하느님의 사랑 앞에 무방비로 서게 합니다. 심지어 우리가 온전해지려고 노력할 때보다 더 깊은 곳에서 그 사랑을 만나게 하지요. "오직 예수의 피로써 구원받고 오직 그가 채찍을 맞음으로써 우리가 치유된다"라는, 진부해 보이는 문장이 참일 수밖에 없는 이유가 여기에 있습니다. 융은 우리 내면이 통합을 이루려면 그 과정에 악도 반드시 포함되어야 하는데 그리스도교는 악을 배제해 왔다고 비판한 바 있습니다. 악에 관한 한 그의 말이 옳습니다. 우리 내면이 통합되려면 악도 그 과정에 있어야 합니다. 악은 우리가 헤아릴 수 없는 방식으로 변모되기를 갈망합니다. 그리고 그 악이 온전한 변모에 참여할 수 있는 길은 오직 하나, 예수를 십자가에 못 박는 길뿐입니다.

첨언

세상이 마음 내키는 대로 하는 것이 곧 자유가 되는 그런 곳이라면 구원받은 상태를 그냥 자유로 정의해도 괜찮을 것입니다. 하지만 우리가 속한 현실은 그렇지 않습니다. 내키는 대로 했다가는 오히려 욕망의 노예가 되기 십상이지요. 따라서 새로운 창조가 가져다주는 참된 자유는 말로 설명하기 어렵고 그저 암시할 수밖에 없습니다. 개념보다는 심상과 상징을 통해 전해지지요. 이 자유는 신비롭습니다. 기적과도 같은 단 한 번의 온전한 변화를 통해 욕망의 사슬에 묶여 있던 의지가 해방되고 의지에 억눌려 있던 욕망도 해방된다는 점에서 말이지요.

주님의 죽음

우리는 죽음에 대해 유난스럽게 반응합니다. 우리가 죽음에 대해 생각할 때는 '자아'가 저지르는 고질적인 습관, 즉 전체 현실의 일부일 뿐인 '나'가 '나'에게 미치는 영향만으로 전체 현실을 규정하는 습관이 가장 극명하게 드러나고는 합니다. 19세기 어느 영국 신문 1면에는 "영국 해협에 안개, 대륙이 고립되다"라는 제목이 달린 적이 있습니다. 고립된 곳은 영국이지만 영국을 중심으로 생각하니 유럽 대륙이 고립되었다고 쓴 것이지요. 죽음에 대한 우리의 생각도 이와 같습니다. 생명의 거대한 과정에 완벽하게 통합되어 사는 어느 외계 존재가 우리를 관찰한다면 이렇게 말할 것입니다.

인간들은 생명의 순환 고리로 다시 들어가는 일을 '자기들에게만 일어나는 불행한 사건'으로 여기고 있어. 가만 보니 이들은 그냥 사는 것 말고 무언가 유별난 일을 벌이고 있군. 그래서 죽음을 생명 과정의 일부로 보는 게 아니라 자신들이 벌인 일이 중단되는 것으로 보는 거지. 그러니 위대한 인물들이 죽으면 마치 일어나지 말아야 했던 큰 불행이나 불운인 것처럼 호들갑을 떨어. 그런 점에서 인간들이 말하는 '죽음'이란 도대체 무슨 뜻인지 잘 모르겠어.

우리는 생명 과정에 참여하는 동물로서의 본성을 외면합니다. 그러고는 죽음과 함께 사라져 버리는 것들에 온 관심과 정성, 힘을 쏟아붓지요. 우리는 '자아'를 가지고 있고 죽음에는 고유의 몫이 있다고 생각합니다. 그리고 결국에는 죽음이 마지막 한 방을 날린다고 믿지요. 그래서 우리는 죽음에 승리자라는 왕관을 씌워줍니다. 사실 죽음 자체에는 아무런 특성도 없는데 말이지요. 이는 물이 끓는 점에 이르러 끓는 모습을 보면서 "불이 물을 정복했다"라고 말하는 것과 같습니다. 죽음은 생명이 순환하는 가운데서의 한순간이지만 우리는 죽음을 그런 식으로 받아들이지 않습니다. 그 거대한 과정을 거슬러 영원히 살아보려 했던 시도가 처참한 실패로 돌아간 사건으로 받아들이지요. 이렇게 영원히 살려 발버둥 치며 자기 자신을 세상의 중심이자 실재로 세우려는 시도야 말로 하느님을 모독하는 일이자 죄입니다. 우리가 그런 '죄'를 짓기에 죽음은 우리에게 자연현상이 아니라 '죄의 대가'로 다가옵니다.

더 나아가 이런 관점에서 죽음은 철저하게 고립된 사건입니다. 누군가 벌인 누군가의 일이 끝나는 사건, 내가 벌인 나만의 일이 끝나는 사건이기 때문이지요. 각 사람이 세상을 자기 자신에게 집중시키려 하고 저마다 실재를 구축하려 하는 일만큼 고립된 사건도 없습니다. 달리 말하면 앞에서 언급한 우주 관찰자가 보기에 인간이 그저 사는 것 외에 별도로 하는 "유별난 일"만큼 고립된 행위도 없으며, 죽음은 바로 그 나만의 일이 끝장나는 사건입니다. 그러니 각자가 쌓아 올린 공든 탑을 무너뜨리는 죽음은 우리를 가장 외롭게 하는 사건으로 다가오지요.

이렇게 '자아'의 눈으로 본 죽음은 두 가지 성격을 지니고 있습니다. 하나는 죽음이 우리가 그토록 확보하려 했던 삶의 의미를 짓밟는 승리자라는 속성이고 다른 한편으로는 고립된 사건이라는 속성입니다. 둘은 서로 통합니다. 철저하게 고립된 사건은 무의미한 사건일 수밖에 없기 때문입니다.

자아의 관점에서 죽음을 바라볼 때 일어나는 또 다른 결과는 죽음이 의인화된다는 것입니다. 앞서 보았듯 관찰자의 시선에서 죽음은 그저 종말이 우주의 순환 과정으로 재진입하는 시점일 뿐입니다. 그러나 인간에게 죽음은 거대한 사건으로 다가오지요. 자아가 작동하는 일이 중요한 만큼 자아가 멈추는 일도 중요하다고 믿는 것입니다. 그래서 죽음은 그 자체로 하나의 실체가 되어버립니다. 실제로는 동물이 생명 과정으로 다시 들어갔을 뿐이지만 우리는 이를 두고 비장하게 죽음이 승리를 거두었다고 선언하지요. 만물이 생겨나고 다시 돌아가는 이 보편적인 과정에 대해 인간들은 자신들만의 유별난 극을 쓰고 있는 셈입니다. 자신이 무언가 대단한 일을 이루려 했는데 죽음이 나타나 자신을 꺾고 이겼다는 식이지요. 이처럼 죽음을 실체로 만드는 태도는 허상에 불과한 자아 중심성에 기반을 두고 있습니다.

이제 예수를 봅시다. 우리는 그분 안에서 죄 없는 사람, 자신만을 위한 사적 왕국을 쌓지 않는 사람을 봅니다. 그의 죽음을 묵상하며 우리는 비로소 죽음이 지닌 본래 의미를 직시하게 됩니다. 죽음이란 붕괴가 아니라 생명의 과정으로 다시 들어가는 일입니다. 하지만 예수의 죽음은 죄 없는 순진한 동물 상태로 되돌아가는 퇴행이 아닙니다. 오히려 더 높은 의식으로 나아가는 전진이지요. 그분의 무죄함을 통해 드러난 순수한 '과정으로서의 죽음'은 단순히 자연으로의 복귀가 아닌, 아버지께로 돌아가는 사건이 됩니다. 아버지께로 돌아간다는 상징은 깊은 의미와 치유의 아름다움으로 가득 차 있습니다. 이를 경험하는 우리에게는 죽음에 대한 철저한 탈문화화deculturalization가 일어납니다. 죽음을 짓누르던 무겁고 우울한 문화의 포장지들이 벗겨지고 죽음이 맑고 깨끗해지는 정화를 경험합니다. 하지만 문화의 자식들인 우리가 어떻게 이 새로운 죽음의 상징을 받아들일 수 있을까요? 우리에게 죽음은 여전히 온갖 의미(공포, 이별)로 가득 차 있습니다. 어떻게 해야 우리는 낯선 죽음의 맨얼굴을 기꺼이 받아 들 수 있을까요. 머리로 이해한다고 해서 상징이 바뀌지는 않습니다. 상징은 오직 경험의 철저한 전환을 통해서만 바뀔 수 있습니다.

기억하십시오. 죽음에 오래된 상징을 덧씌운 것은 바로 죄였습니다. 죄란 나 자신의 현실을 실재로 구축하려는 시도이며 그 결과 죽음을 '나를 꺾은 최후의 승리자'로 만들어 버리는 것입니다. 이제 우리는 십자가에 달린 이에게서 우리가 그토록 집착하고 부풀린 '나만의 거대한 왕국'이 파괴되는 모습을 보았습니다. 그리고 그 무너지는 왕국이 그대로 하느님의 무한한 사랑에 쓰러져 안기는 모습을 보았습니다.

십자가에 달린 이를 보는 가운데 우리는 죄의 용서를 경험합니다. 그리하여 우리는 죽음에 대한 낡고 죄에 물든 시각에서 해방됩니다. 이제 우리는 우리에게 죽임당한 희생자 그리스도께서 아버지께 돌아가시는 것을 볼 수 있게 되었습니다. 죄인인 우리를 무한한 품으로 받아들이시는 아버지께서 바로 그 무한한 품으로 이제 우리가 새로운 눈으로 바라보게 된 저 피 흘리는 희생 제물을 받아들이십니다. 우리가 죄인임을 인정하면 우리의 죄로 인해 십자가에 달린 이 안에서, 그를 통해 참된 정체성을 발견하게 됩니다. 그리고 그분 안에서 죽음이란 다름 아닌 우리를 받아들이는 아버지의 품임을 비로소 알게 됩니다.

바로 그렇기에 부활 전례는 주님께서 아버지께 나아가시는 위대한 모습이 효력을 발휘하도록 십자가 처형 가운데 우리의 죄가 해결되었다는 점을 끊임없이 상기시킵니다. 부활찬송의 주인공이 다름 아닌 "거룩한 피로 아담과 우리의 빚을 갚으신 분"이라고 노래하는 까닭도 여기에 있지요. 앞서 문화의 한계 안에 갇힌 죽음은 무의미하고 고립된 사건이라고 말한 바 있습니다. 예수의 죽음은 그 정반대 편에 있습니다. 이 죽음은 문화의 장벽을 넘어 인류에게 죽음이 본래 무엇인지 보여 주기에 보편성을 띠지요. 하지만 이 차원으로 들어가기 위해서는 죄의 용서를 받아야만 합니다. 죽음을 폭군으로 만드는 범인, 하느님께서 사랑으로 해결책을 제시하실 때까지 계속해서 죽음을 지배자로 군림하게 만드는 주범은 바로 우리의 죄이니 말이지요. 이 사실은 우리가 가진 확신 중 하나를 입증해 줍니다. 신약성서가 말하는 인간학, 즉 '새로운 인간'에 대한 이해는 오직 죄의 용서를 중심으로 생각할 때만 비로소 온전해집니다. 좀 더 정확히 말하면 죄를 비추는 거울인 십자가에 달린 이에게 초점을 맞추어야 합니다. 그 거울은 자신을 들여다보는 이들에게 용서를 베풀기 때문입니다.

이는 역으로 용서받은 백성이라는 신분을 온전히 누리고 기뻐하기 위해서는 훈련이 필요하다는 뜻이기도 합니다. 전례가 선포하는 예수의 죽음과 우리 문화가 슬퍼하는 죽음 사이의 극명한 차이를 깊이 묵상하는 훈련 말이지요. 이 대비야말로 거듭난 상태와 거듭나지 못한 상태가 어떻게 다른지 가장 분명하게 보여 주기 때문입니다. 묵상을 돕기 위해 질문 하나를 던져보겠습니다. 당신이라면 예수의 장례를 어떻게 치르겠습니까? 가벼운 마음으로 상상해 보십시오. 예포를 실은 포차까지 동원하는 성대한 장례식이면 될까요? 그런 상상을 하다 보면 문득 깨닫게 될 겁니다. 우리가 마음에 품고 있는 분이 세상의 격식 따위로는 감당할 수 없는 기이하고 비범한 분이라는 사실을 말이지요. 성금요일에 검은색 제의를 입고 장례식을 치렀던 중세 교회의 관습은 저 대포 운구차와 비슷한 발상에서 나온 관습이었습니다. 본질에서 벗어난 일이었지만 인간의 문화가 죽음을 그렇게밖에 해석하지 못함을 알려 준다는 점에서 일종의 반면교사가 되었지요. 우리는 지금 세상 문화와는 전혀 어울리지 않는 '아버지께로 돌아감'을 의미하는 죽음을 이야기하고 있습니다. 오늘날 신학의 가장 시급한 과제는 상징을 다루는 방식을 더 엄밀하게 조이는 일입니다. 십자가를 통해 예수께서 당신 자신을 바치신 일을 그저 '거룩한 죽음의 모범'으로 꼽는 신학자와 영성가가 너무나도 많습니다. 그들은 사실상 '우리도 겪는 똑같은 죽음이지만 거룩한 분은 이 죽음을 하느님께 바치는 최고의 순종으로 승화시키셨다'고 말하고 있는 셈입니다. 물론 그분이 하느님께 최고의 순종을 바치신 것은 맞습니다. 하지만 거기서 죽음이 지닌 상징성은 조금도 바뀌지 않지요. 그러면 죽음은 여전히 무섭고 예수는 이를 잘 참은 분이 될 뿐입니다. 그러나 진실은 다릅니다. 십자가의 자리에서 죽음의 상징성은 완전히 박살 났습니다. 당신의 죽음으로 우리의 죽음을 없애셨다는 부활 감사송 구절은 바로 이런 의미를 담고 있습니다. 여기서 우리의 죽음은 우리가 왜곡해서 만들어 낸 그 죽음을 말합니다. 주님의 죽음을 묵상하는 사람은 새로운 세상에 들어갑니다. 좀 더 정확히 말하면 성령의 꿰뚫는 능력을 입고 이 세상에 알려지지 않은 깊이로 나아갑니다. 그러므로 예수의 죽음은 이를 기리는 성찬에 힘입어서 축제가 되는 것이 아닙니다. 그분의 죽음은 그 자체로 축제의 주제가 됩니다. 성찬은 주님의 죽음이 본래 품고 있는 그 축제의 분위기를 현실에서 구현합니다. 성찬은 죽음이라는 뿌리에서 피어난 꽃입니다.

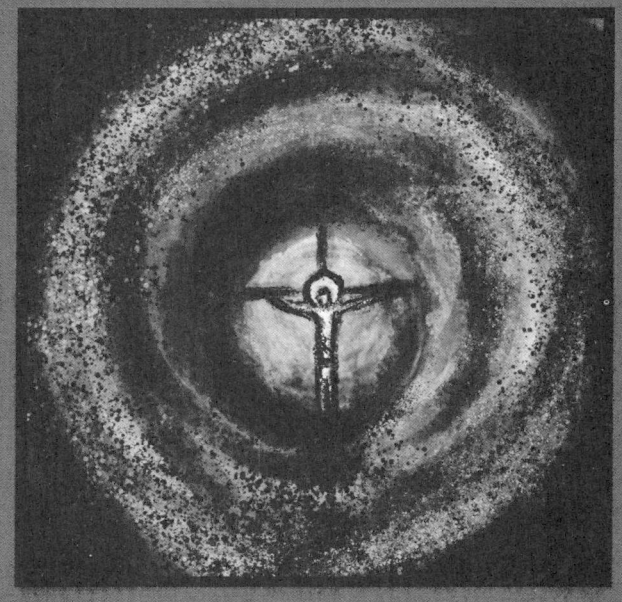

십자가에 달린 이를 보는 가운데 우리는 죄의 용서를 경험합니다.
그리하여 우리는 죽음에 대한 낡고 죄에 물든 시각에서 해방됩니다.

여정의 끝이 보이다

예수께서는 죽음으로써 희생 제물이라는 자신의 소명을 남김없이 다 이루셨습니다. 혹은 완성하셨습니다. 완성했다는 말은 두 가지 사건이 동시에 일어났음을 뜻합니다. 하나는 죽음을 짓누르던 문화의 굴레와 자아에 갇혀 비극으로 치닫던 죽음의 성격을 말끔히 씻어내는 일이고 다른 하나는 우리의 악을 빨아들여 변모시키는 능력을 지닌 희생자가 꽃이 피듯 온전히 드러나는 일입니다.

희생자 예수께서 자신의 사랑을 완전히 꽃피우시면 그분의 죽음은 우리를 더 깊은 용서로 이끌고 들어갑니다. 용서받았다는 깨달음은 다른 데서 오지 않습니다. 희생자 예수를 바라볼 때 우리 마음에서 용서받았다는 깨달음이 일어납니다. 그분이 당신을 죽인 '나'를 정죄하지 않고 있는 그대로 받아 주시는 모습을 똑똑히 보았기 때문입니다. 이러한 맥락에서 예수께서는 우리의 죽음을 변모시켜, 그 죽음을 바라보는 우리 안에서 용서를 완성하십니다. 이제 신앙인들은 문화가 씌운 조건이나 자아를 중심으로 이해한 죽음에서 해방된 세상을 향해 눈이 열립니다. 어떤 거대하고 추상적인 이념을 가졌기 때문이 아니라 온전한 용서를 경험했기 때문입니다. 새로운 세상이 열리려면 미로처럼 복잡하고 악으로 뒤엉킨 인간의 마음이 먼저 열려야 합니다. 죽음을 통해 온전히 드러난 그리스도, 곧 온 우주의 그리스도께서는 용서의 선언을 인간 정신의 가장 깊은 곳까지 전하십니다. 그리하여 우리 정신이 세상의 규범에 갇히지 않고 거대한 우주의 차원으로 나아가게 하십니다.

그리스도께서 "하느님 아버지의 영광 가운데" 나타나신다는 말은 그분이 용서의 완결판이자 하느님의 현존 그 자체로서 우리 앞에 서신다는 뜻입니다. 용서받은 인간인 신앙인에게 예수의 죽음은 기쁜 사건입니다. 죽음이 온전히 기쁠 수만은 없는 인간 세상에서 말이지요. 한 걸음 더 나아가 이 죽음은 다른 세상, 곧 하느님의 참된 세상이 지닌 영광을 입어 찬란하게 빛납니다.

성서 주석에서는 구원을 이야기할 때 '속죄'와 이 세상에서 아버지께로 나아가는 길을 구분하곤 합니다. 하지만 둘은 그리스도인이 겪는 체험의 두 가지 차원일 뿐입니다. 둘은 끝없이 서로에게 스며듭니다. 세상(문화가 선을 그어놓은 이 세상)을 넘어 아버지께로 가는 길은 다름 아닌 용서의 길이기 때문이지요. 죄를 일깨우고 고발하되 결국 용서로 해결하는 희생자, 죽음을 자아라는 중심축에서 떼어내어 이 세상 너머로 가는 통로로 만든 사람, 아버지의 영광 안에 있는 아들, 이 셋은 서로 다른 상징이 아닙니다. 하나의 동일한 해방 체험을 전달하는 동일한 상징입니다.

희생자가 죽음으로써 '우리의 죽음'이 변모하게 되면, 우리는 용서를 더 깊이 체험하고 희생자를 더 깊이 들여다보게 됩니다. 그리고 그 끝에서, 아버지의 영광 가운데 계신 그분을 보며 우리는 용서받는 경험이 어떤 모습으로 완성되는지 알게 됩니다. 우리 안에 있는 죄가 끝자락까지 뻗어나가면 죽음이 되듯, 죄의 희생자이신 그분의 삶이 끝까지 뻗어나가면 아버지에게로 돌아가는 죽음이 됩니다. 우리의 죽음이 우리 안에 있는 죄를 완벽히 보여 주는 상징이라면, 완성된 희생자는 우리가 받은 용서를 완벽히 보여 주는 상징입니다. 인문학을 가르치는 학교에서는 우리에게 자신의 허무를 파고들어 죽음을 보라고 가르칩니다. 하지만 십자가를 가르치는 학교에서는 우리에게 자신의 용서받음을 파고들어 희생자를 보라고 가르칩니다.

온전한 그리스도교 신앙은 구원의 두 가지 주제인 속죄와 길이 서로 일치를 이루는 것입니다. 예수께서는 우리를 대신해 홀로 그 길을 간 다음 우리에게 성사라는 구명밧줄을 던져 아버지께로 끌고 가시지 않습니다. 우리가 그분을 희생자로 체험하는 바로 그 순간, 우리가 용서받았음을, 우리가 스스로 쌓아 올린 세상에서 풀려났음을 실감하는 순간 그분은 아버지께로 나아가십니다.

> 내 아버지 곧 너희의 아버지, 내 하느님 곧 너희의 하느님께
> 로, 내가 올라간다. (요한 20:17)

희생자였던 예수가 들어 올려짐으로써 죄에 사로잡히고 문화에 갇혀 있던 우리는 용서받습니다. 바로 그때 우리는 해방되어 하느님을 온전히 하느님으로 모실 수 있게 됩니다. 하느님을 아버지로 만나는 이 강렬하고도 온전한 체험이 예수를 자기애와 두려움에 사로잡힌 인류의 희생자로 만듭니다. 희생자가 중재하는 용서는 바로 이 체험을 우리에게 안

깁니다. 그러므로 십자가에서 죄를 씻는 예수라는 '옛 표현'에서 부활의 신비, 아버지께로 나아가는 예수라는 '더 긍정적인' 주제로 논의의 중심을 옮겨야 한다는 주장은 심각한 착각입니다. 부활의 신비란 죄와 용서의 신비가 희생자를 통해 온전히 드러난 상태를 말합니다. 그런데 죄와 용서를 파악하지 못한 채 부활의 신비를 그린다면 그 그림은 엉망이 되고 말겠지요. 그렇게 만든 그림은 신화와 근거 없는 낙관주의가 뒤섞인 잡탕이 될 뿐입니다. 이는 과거 음울했던 수난 묵상보다 더 우리의 지성과 마음을 모욕하는 일입니다.

십자가에 매달린 예수를 묵상하는 가운데 십자가 안으로 들어가는 우리의 여정은 끝이 납니다. 십자가에 못 박힌 예수가 죄의 문제를 제기하고 구원의 역동성을 보여 준다면, 죽어 있는 예수는 죄가 인간 조건에 미치는 영향인 '우리의 죽음'이라는 문제를 제기합니다. 나아가 그분께서는 죄를 씻어낸 그 구원의 힘을 죽음마저 하느님께로 가는 통로로 바꾸는 새로운 인간학의 영역으로까지 밀고 나가십니다.

십자가에 달린 이를 바라보는 이 마지막 단계야말로 삼위일체 하느님이 온전히 드러나는 자리입니다. 이 현현 가운데 성령께서는 희생자 예수와 아버지의 영광이라는 객관적 사실을 제대로 볼 수 있도록 우리의 주관, 내면의 지평을 한없이 넓혀주십니다. 십자가에 달린 이를 우리 안에서 잊었다가 이제 막 깨어난 '참된 나'와 하나로 묶어주십니다. 그리하여 우리는 하느님 아버지의 영광으로 나아가는 이 죽음을 온 우주를 아우르는 기쁜 일로 바라보며 그 안에서 우리의 구원을 발견하게 됩니다.

IV
신앙인의 마음 안에서
아버지와 하나 되는 예수

그리스도인이 완전에 이른 상태를 설명하며 흔히 '하느님 뜻과의 완전한 일치'라는 표현을 쓰고는 합니다. 이 말은 하느님께서 무엇을 주시든 이를 사랑으로 받아들인다는 뜻입니다. 그 무엇에는 어떠한 제한도 없습니다. 따라서 여기에는 죽음까지 하느님 뜻으로 받아들이는 태도도 포함됩니다. 하지만 이 표현이 놓치고 있는 결정적인 사실이 하나 있습니다. 자연인으로서의 인간, 즉 여전히 이 세상을 살아가며 자아를 중심으로 생각하는 인간은 그리스도와 함께한다 해도 죽음을 오롯이 '하느님 뜻'으로 받아들일 수 없다는 것입니다. 그런 인간에게 죽음이란 '우리의 죽음', 즉 자아를 중심에 두고 하느님에게 맞서는 의식이 겪어야 할 비극적이면서 불가사의한 몰락이기 때문입니다. 자아에게 죽음은 하느님의 뜻이 아니라 원수일 뿐입니다.

따라서 '하느님 뜻과의 완전한 일치'라는 공리는 그리스도께서 죽음을 변모시키셨음(그리스도교의 핵심 신비)을 전제로 할 때만 성립합니다. 하지만 신비는 그저 당연히 전제하고 넘어갈 대상이 아닙니다. 신비는 그 이름을 부를 수 있어야 합니다. 그래야 우리의 정신과 마음을 훈련하고 그 신비를 찬미할 수 있습니다. 오직 이러한 믿음과 찬미를 통해서만 '하느님 뜻과의 완전한 일치'라는 공리가 새로운 생명, 삶에 적합한 말이 됩니다. 즉 '하느님 뜻과의 완전한 일치'는 부활의 공리이거나 새로운 삶에 쓸모없는 말이거나 둘 중 하나입니다.

안타깝지만 많은 영성가가 이 점을 이해하지 못합니다. 그들은 '하느님 뜻을 완전히 받아들이는 인간'이라는 심상을 머리에 만들어 놓고는 우리가 사는 이 세상에서도 그런 삶이 가능한 양 그려냅니다. 그렇게 되면 그리스도는 기껏해야 그런 순종을 완벽하게 실천한 모범생 정도로 전락하게 됩니다. 그렇지 않습니다. 그리스도의 순종은 유일무이합니다. 그분에게 죽음은 '우리의 죽음'이 아니라 아버지의 선물이었기 때문입니다. 아버지의 선물로서의 죽음, 활동하시는 아버지의 사랑으로서의 죽음은 오직 그리스도께서만 누리시는 특권입니다. 우리가 존재의 깊은 곳에서 용서받아 그분과 하나

될 때만 그 죽음은 우리의 죽음이 됩니다.

하지만 그리스도와의 하나됨에 대해 말하려면 지금 그분이 어떤 상태에 계신지 살펴야 합니다. 죽음으로 죽음을 없애셨다는 그리스도교의 전통적인 고백은 곧 그리스도께서 죽으셨으나 우리처럼 죽은 자들 가운데 계시지 않다는 뜻을 내포합니다. 이를 좀 더 살펴보도록 합시다.

소외된 상태에 있는 우리가 죽음을 바라보는 방식과 죽은 이들을 생각하는 방식은 서로 긴밀하게 연결되어 있습니다(사실 '생각한다'는 말로는 이 현상을 담아내기에 턱없이 부족합니다. 이는 머리의 문제가 아니라 인간이 죽은 자들을 실제로 어떻게 감각하고 체험하는가의 문제이니 말이지요. 이는 탁월한 문학 작품과 신화에 잘 나타나 있습니다). 앞에서 외계 존재가 했던 말을 기억해 봅시다.

인간들은 생명의 순환 고리로 다시 들어가는 일을 '자기들에게만 일어나는 불행한 사건'으로 여기고 있어. 가만 보니 이들은 그냥 사는 것 말고 무언가 유별난 일을 벌이고 있군. 그래서 죽음을 생명 과정의 일부로 보는 게 아니라 자신들이 벌인 일이 중단되는 것으로 보는 거지.

우리는 흔히 죽은 이들이 우리와는 아무런 관련이 없는 존재가 되었다고 생각하기 쉽습니다. 하지만 실제 우리 내면에서는 그와 정반대의 일, 그들을 꽉 붙드는 일이 일어나지요. 평소 인생을 생각할 때는 우리는 죽음에 대한 불안을 꾹 눌러 둡니다. 하지만 죽은 이가 생기면 그를 감정의 배출구 삼아 그에게 그 불안을 쏟아내지요. 우리는 죽음이 '나'를 조금도 건드리지 못하게 막아놓고는 저 죽은 이들이 죽음에게 완전히 장악당했다고 단정해 버립니다. 그리고 자아를 쌓아 올리는 데 방해가 되는 삶의 모든 불확실성을 죽은 이들에게 몽땅 넘겨버리지요. '나'는 내가 거대한 신비의 일부일 뿐이라는 사실을 견딜 수 없기에 죽은 이들을 신비 덩어리로 취급해 밀어냅니다. 그렇게 죽은 이들은 죽음에 대한 공포를 피하려고 내세우는 방패막이가 됩니다. 이로써 산 자와 죽은 자 사이에는 깊은 단절이 생깁니다. '신비가 하나도 없는 척하며 사는 자들'과 '신비에 과도하게 젖어 있는 죽은 자들'로 나뉘어 버리는 것이지요. 이 단절이 극단으로 치달으면 남는 건 무의미뿐입니다. 그렇게 되면 죽은 자는 그저 '더 이상 살지 않는 사람'으로, 산 자는 그저 '아직 죽지 않은 사람'으로 정의될 뿐입니다. 삶과 죽음의 풍요로운 의미는 사라지고 서로를 부정하는 텅 빈 말장난만 남게 되는 것이지요.

릴케Rainer Maria Rilke와 로렌스D. H. Lawrence의 후기 작품들은 우리를 이러한 극단적인 무의미에서 끌어냅니다. 그들은 죽은 자들을 불러내 우리의 천박함을 꾸짖는 고발자로 세웁니다. 제임스 조이스James Joyce의 단편 「죽은 자들」The Dead을 볼까요. 소설에서 그리 젊지 않은 아내는 남편과 함께하던 어느 날 밤, 오래전 죽은 젊은 연인을 떠올립니다. 그 연인은 빗속에서 그녀를 기다리다 병을 얻어 죽었고 아내는 지금 자신을 위해 죽은 그를 애절하게 그리워하고 있습니다. 그런 아내에게 남편은 자신의 욕망을 채우려 다가갔지만 곧 멈칫하고 맙니다. 그녀의 마음이 온통 죽은 소년에게 가 있는 상황에서, 자신과 같은 '산 자'의 욕망을 들이미는 건 죽은 이에 대한 불경한 침해라고 느꼈기 때문입니다. 남편은 창밖에 내리는 눈을 바라보며, 죽은 이 모두가 자신을 향해 일어나 알 수 없는 깊은 곳에서 '자아'에만 갇혀 있는 자신의 천박함을 꾸짖는 듯한 기분을 느낍니다.

우리 자신에 대한 안이한 생각, 그리고 죽은 이들은 그저 저쪽 세상에 있다고 치부해 버리는 태도를 뒤흔드는 건 문학 작품만이 아닙니다. 심리학자 프로고프Ira Progoff는 상담 환자들이 죽은 부모와 나누는 대화에 얼마나 큰 치유 효과가 있는지 말한 바 있습니다(저도 그런 체험을 한 적이 있습니다). 하지만 문학이나 심리학이 돕는다 해도 산 자와 죽은 자 사이에 우리가 만든 단절은 여전합니다. 이는 부분적으로 고친다고 해결될 문제가 아닙니다. 죄만큼이나 고질적인 병폐이기 때문이지요. 죄가 그렇듯 이 문제는 단순한 교정이 아니라 구원이, 뿌리부터 뒤바뀌는 변화가 필요합니다. 우리가 죽은 이들과 나누는 꽤 의미 있는 경험들조차 단절을 강조합니다. 죽은 이들을 대할 때 우리가 갖추는 특유의 엄숙한 태도를 생각해 보십시오. 그 딱딱한 표정에는 자기밖에 모르고, 여유도 없으며, 무엇보다 하느님이 계시지 않다고 생각하는 믿음이 고스란히 묻어납니다. 우리가 만들어 낸 죽음의 세계, 스올이나 하데스, 혹은 우리의 공포가 만들어 낸 음침한 그림자들의 세계와 선명하게 대조되는 사실이 하나 있습니다. 바로 예수께서는 우리가 죽었다고 여기는 이들 가운데 계시지 않는다는 것입니다. 그분께서는 죽음을 통해 '우리의 죽음'을 폭로하시고 무력화하셨습니다.

'그리스도께서 부활하셨다'는 선포는 여러 가지로 해석할 수 있습니다. 실제로 무덤에서 걸어 나오셨다고 볼 수도 있고 죽은 자들이 머무는 스올이나 하데스에서 나오시는 모습을 떠올리는 이도 있을 것입니다. 혹은 '순전히 영적인' 뜻으로 해석하여 그분이 전한 메시지가 영원한 진리를 담고 있다고 생각할 수도 있습니다. 그러나 '그리스도께서 부활하셨다'라는 말에 담긴 가장 근본적인 의미를 살피기 위해서는 부활하신 그리스도의 상태와 죄인인 인간이 죽은 이들을 가두는 방식을 대조해 보아야 합니다. 부활을 제대로 이해하기 위해서는 신약성서를 꿰뚫는 하나의 대원칙을 세워야 합니다. '주님께서 부활하셨다'라는 선포는 그 사건이 죄를 정복했기에 필연적으로 일어난 결과로 이해될 때 성서의 핵심에 가장 가까이 다가갈 수 있습니다. 우리가 겪는 비참함의 본질이 '죄인이라는 사실'에 있다면 완성에 이르신 구세주의 본질은 '죄를 이겨낸 승리의 빛'에 있습니다. 따라서 죽은 이들 가운데서 그분이 부활하셨다는 말은 '그분은 죄인인 우리가 규정하고 취급하는, 우리가 죽었다고 여기는 이들 가운데 계시지 않는다'라는 뜻입니다.

물론 여기에는 언어 차원에서의 난점이 있습니다. '죽은 이들 가운데서 부활하셨다'는 말에는 문자 그대로 그분이 죽었다가 다시 살아나 죽지 않은 상태가 되셨다는 뜻이 담겨 있습니다. 그렇다면 초기 부활 체험을 이렇게 볼 수는 없을까요? 즉, 제자들이 그분을 '죽은 자'로 경험했다가 '더는 죽은 이들 무리에 계시지 않는 분'으로 달리 경험하게 된 인식의 변화라고 말입니다. 이는 부활 체험이 죄인의 상태에서 구원받은 상태로 넘어가는 전환이었음을 뜻하기도 합니다. 교회의 전례에서 부활이 줄곧 품어왔던 의미도 바로 이것, 죄로부터 풀려나는 해방을 온전히 체험하는 일이었습니다. 신약성서에서도 이러한 해석이 깊어지는 과정을 볼 수 있습니다. 처음에는 예수께서 죽음을 맞이하신 뒤 그분에게 일어난 어떤 사건으로 부활을 묘사하다 요한복음서에 이르면 그리스도의 구원하는 본성이 발현된 사건으로 그려지지요. 예수의 형상은 신앙인의 영혼 안에서 불타오릅니다. 그 불은 그의 지하 세계, 즉 스스로 충분하다는 자아의 착각이 만들어 낸 음침한 허상의 세계를 몽땅 태워버립니다. 죽은 이들에게는 우리가 애써 외면하고 하염없이 뒤로 미루기만 했던 삶의 엄연한 실체가 담겨 있습니다. 우리가 그토록 피하고 싶어 했던 그 신비를 그들을 통해 보게 되지요. 반면 예수에게서는 그 신비로운 온전함을 전혀 다르게 봅니다. 우리가 요리조리 피하려 했던 대상이 아니라 우리 손으로 십자가에 못 박아 버린 대상으로 그분을 마주하게 되지요. 달리 말하면 우리는 삶에서 가장 근본적인 대화, 곧 죄와 용서의 드라마 한복판에서 저 신비와 만납니다. 그리하여 예수 안에서, 예수를 통해 삶과 죽음이 하나로 통합된 우리 존재의 신비가 죽은 이들은 결코 가질 수 없는 '거부할 수 없는 생생함'으로 우리를 덮쳐옵니다. 죽은 이들을 몰아내려 하는 우리의 방어기제조차 그 기제를 밑바닥부터 허물어뜨리는 분을 몰아내지 못합니다.

우리는 예수를 죽은 이들의 세계에서 넘겨받을 수 없습니다. 애초에 죽음은 그분을 그곳에 가둘 수 없습니다. 오히려 예수의 죽음은 우리의 죄를 향해 죄와 더불어 우리의 비뚤어진 죽음마저 녹아 없어졌음을 선포합니다. 예수께서는 온전한 의식total consciousness이라는 신비 그 자체이십니다. 이 신비 안에서 산 자와 죽은 자라는 낡은 구분이 허물어지고 새로운 생명 안으로 하나가 되어 들어옵니다.

우리는 예수와 줄곧 함께해 왔고 지금도 모시고 있습니다. 그분은 우리 존재의 가장 깊은 곳, 우리 존재의 중심에 너무나 가까이 계시기에 죽음조차 그분을 우리에게서 떼어 놓을 수 없습니다. 우리가 그분을 그토록 가까이 모시는 이유는 그분 안에서라야 자아를 십자가에 못 박는 내면의 싸움을 벌일 수 있기 때문이며, 오직 그분의 용서를 통해서만 그 갈등을 끝낼 수 있기 때문입니다. 이 거대한 용서의 신비는 죄가 산 자의 세상과 죽은 자의 세상으로 쪼개 놓았던 인간 세상을 다시 하나로 아우릅니다.

모든 세계를 이토록 하나로 묶으시는 분을 모시고서도 여전히 산 자와 죽은 자를 갈라놓고 인간이 조작해 낸 그 복잡한 미로로 구세주를 끌고 다니는 신학을 고집한다면 그분을 어떻게 온전히 예배할 수 있겠습니까? 우리는 잃어버린 옛 목숨을 되찾아 오는 일(소생)과 그토록 거부해 왔던 생명이 마침내 승리하는 일(부활)의 차이를 끊임없이 묵상해야 합니다.

우리의 삶은 본질상 '죽음을 부정하는 삶'입니다. 하지만 예수의 죽음은 그런 삶을 단순히 부정하는 죽음이 아닙니다. 그렇다면 이 기묘한 죽음을 대체 어떻게 이해해야 할까요? 삶이니 죽음이니 하는 말들이 뒤엉켜 이토록 골치 아픈 의미의 늪을 만들어 내는 원인은 단 하나, 아버지께서 우리와 함께하시기 때문입니다. 이 죽음과 함께 그분께서 여기에 계십니다. 아니, 이 죽음 자체가 바로 여기에 계신 아버지입니다. 죽음이 아버지를 이곳에 모셔 오는데, 아들이 대체 어디로 갔느냐는 질문에 무슨 의미가 있겠습니까?

문제는 우리의 언어 중에 죽음을 부정하지 않는 인간의 삶을 표현할 말이 없다는 데 있습니다. 그런 삶을 담을 단어도 심상도 우리에게는 없습니다. 하지만 그리스도 안에서, 그리스도를 통해 우리에게 닥쳐오는 현실은 바로 그런 삶입니다. 우리는 할 수 있는 최선의 방식으로 이 현실을 풀어가야 합니다. 그리고 그 최선의 방식이란 우리가 죄인이라는 근본적인 진단에서 출발해 답을 찾아가는 길뿐입니다.

첨언

　지금까지 살펴본 내용을 심리학의 틀로 옮겨보면 더 잘 이해할 수 있습니다. 인간의 내면은 모든 현실을 품고 있거나 내면화합니다. 인간 내면에도 하늘과 땅, 그리고 지하 세계가 자리 잡고 있지요. 땅에는 우리가 아는 사람들이 살고 지하 세계에는 죽은 이들이 머뭅니다. 그리고 하늘에는 영웅들, 곧 '위대한 죽은 이들'과 천사들이 있지요. 여기에는 중심도 있습니다. '자아'에게는 자신을 중심으로 여기는 본능이 있지요. 그렇기에 자아에게는 진짜 중심과 온전히 화해해야 한다는 과제가 있습니다. 중심은 하늘과 땅, 지하 세계라는 세 영역을 모두 인식하고 조율합니다. 중심을 상징하는 예수 그리스도는 세 가지 세계 모두에 속하지만 중심으로서 그렇게 있습니다. 즉, 그분께서는 땅이나 하늘, 죽은 이들의 세계 중 어느 한 곳에 고정되어 머무시지 않습니다. 그렇기에 우리는 그분이 죽은 이들 가운데 계시지 않는다고 고백합니다. 그분은 죽음을 알고 맛보셨으나 어디까지나 중심으로서 이를 겪으셨습니다. 그러므로 회심한 자아가 그분을 만나는 장소는 내면세계의 변두리가 아닙니다. 바로 한가운데, 곧 생명과 삶의 핵심 자리입니다.

그렇다면 자아는 어떻게 돌이켜 중심으로 들어갈 수 있을까요? 복음은 이 물음에 두 가지로 답합니다. 우선 복음은 이 중심이 단순히 세상을 조율하는 곳일 뿐 아니라 초월의 장소임을 분명히 합니다. 만물을 감싸안고 넘어서는 무한한 힘 앞에 자신을 온전히 내어 맡겨야 하는 자리라는 뜻이지요. 바로 이 무한한 힘이 압도해 오기에 중심을 찾아가는 길은 신비롭고 치열하며 고달플 수밖에 없습니다. 그렇기에 복음은 자아가 중심과 맺는 관계를 십자가와 애통함, 그리고 용서의 극으로 파악합니다. 중심을 향해 나아가는 이 극이야말로 중심을 활짝 열어 무한한 힘을 받아들이는 통로입니다. 용서란 바로 중심을 향해 쏟아져 들어오는 무한한 힘입니다.

이제 우리는 죽은 이들 가운데 계시지 않은 중심으로서의 예수와 십자가, 애통함, 용서가 지닌 신비를 하나로 꿰어 볼 수 있습니다. 회심한 자아가 예수를 죽은 이들 사이에서가 아닌 중심에서 만나는 이유는 십자가와 용서라는 신비를 통과하여 그분을 진정한 중심으로 깊이 체험했기 때문입니다. 이렇게 알려진 중심은 무한을 향해 열려 있습니다. 죽으셨으나 죽은 이들 무리에 속하지 않으신 예수는 바로 아버지와 함께 계십니다. 십자가와 용서라는 신비만이 자아를 확실하게 중심으로 이끌어 줍니다. 바로 그 중심에서 자아는 예수가 '산 자'나 '죽은 자', 혹은 '위대한 (죽은) 사람'이라는 칸막이에 갇히지 않고 모든 세계를 가득 채우시는 분임을 깨닫습니다. 이 신비야말로 우리를 무한한 하느님께로 인도하는 문입니다. 그러므로 복음은 당혹스러울 정도로 단순합니다. 예수께서는 이렇게 선언하실 수 있습니다.

진심으로 형제를 용서했다면 너는 영원히 아버지와 함께 있다. 십자가의 온 신비가 네 안에서 작동하고 있다. (마태 18:35 참조)

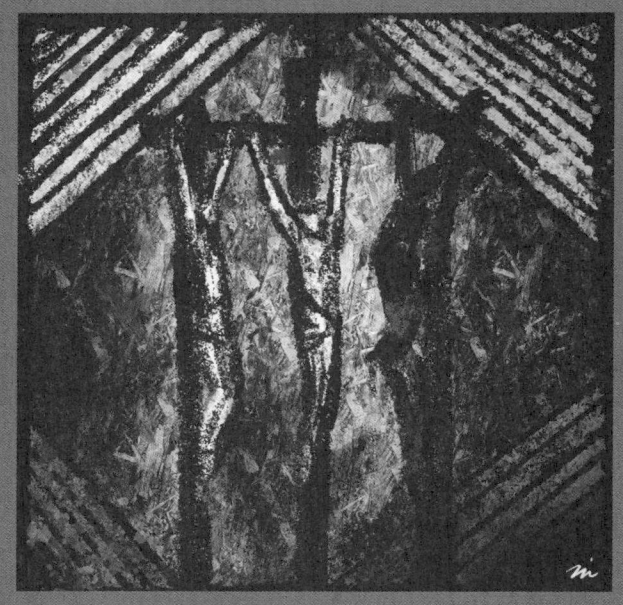

희생자였던 예수가 들어 올려짐으로써
죄에 사로잡히고 문화에 갇혀 있던 우리는 용서받습니다.
바로 그때 우리는 해방되어 하느님을
온전히 하느님으로 모실 수 있게 됩니다.

V
자기애에 빠진 인간

어니스트 베커는 『죽음의 부정』에서 말합니다.

인간이 왜 그토록 영웅이 되려 하는지 이해하려면 자기애를 알아야 한다. 에리히 프롬이 적절하게 지적했듯 이 개념이야말로 프로이트가 남긴 위대한 공헌이자 지금까지 영향을 미치고 있는 유산이다. 프로이트는 우리 각자가 그리스 신화 속 나르키소스의 비극을 되풀이하고 있음을 밝혀냈다. 즉, 우리는 자기 자신에게 가망 없을 정도로 깊이 빠져 있다.

이처럼 우리는 "가망 없을 정도로" '나'에게만 몰두합니다.

우리는 직감으로 압니다. 이것이 치명적이라는 사실을 말이지요. 나르키소스 신화는 바로 이런 우리의 직감을 절묘하게 보여 줍니다. 하지만 신화에 담긴 의미를 충분히 이해하려면 그 신화의 내용을 살피기에 앞서 해야 할 일이 있습니다. 바로 자기에게만 몰입하는 현상이 어떻게 자기 소멸이라는 결말에 이를 수 있는지 그 논리의 끈을 이해해 보는 일입니다. 자기 몰입과 죽음 사이에는 논리상 어떤 연결고리가 있을까요?

먼저 자기에 대한 몰두는 죽음에서 도망치려는 몸부림입니다. 자기 몰입은 '나'를 삼키려 드는 주변 세계에 맞서 의식이 '나 하나만을 지키겠다'라고 내리는 거대하고도 절박한 선택입니다. 자기 몰입은 우리의 '동물성'을 버리고 '자의식'을 택한 결과입니다. 우리는 존재의 두 축 가운데 하나만을 붙들려 했고 절박한 마음으로 피할 수 없는 선택을 내렸습니다. 그렇게 우리는 죽음에서 도피하는 길을 택했습니다. 자기 자신이라는 피난처로 도망쳐 들어간 것입니다.

하지만 이렇게 '홀로 있는 나'를 선택함으로써 인간은 궁극의 고독을 택한 셈입니다. 이 선택은 절망에 빠진 개인만 할 수 있는 일이 아니라 인류 전체가 할 수 있습니다. 실제로 지금도 이 선택을 하고 있습니다. 존재의 두 축 사이에서 오직 '자의식'만 진지하게 받아들이고 우리가 더 큰 전체에 속한 일부라는 사실, 한편으로는 생태계의 일원으로서 생태계에 기대어 사는 동물이라는 사실은 무시해 버립니다. 인류는 전쟁, 정치, 종교 같은, 자아 중심성에 기반을 둔 문명을 유지할 수 있다고 믿으며 그림의 나머지 반쪽인 자연은 어떻게든 알아서 굴러갈 거라고 착각합니다. 이러한 면에서 '의식을 가진 나'를 선택하는 일은 곧 나를 제외한 모든 일을 외면하는 궁극의 고독을 택하는 일입니다.

이 궁극의 고독은 곧 죽음입니다. 이는 생명나무에서 잘려 나가 시들어 버리는 일입니다. 의식을 지닌 존재가 지닌 본성의 역설 탓에 인간은 동물로서 당연히 겪어야 할 죽음을 영혼의 고립으로 체험합니다. 죽음에서 도망치려는 바로 그 몸짓을 통해 죽음이 우리를 더 꽉 옥죄도록 만듭니다. 더 나아가 우리는 죽음을 영혼의 족쇄로 만들어 버립니다. 우리의 도피 행각은 죽음을 더 두드러지게 만듭니다. 죽음을 피하려다 죽음의 영적 차원을 만들어 내기 때문입니다. 자연은 그저 자연 과정의 일부로 죽음을 규정했을 뿐인데 자연이 낳은 이 기이한 피조물은 죽음에 훨씬 더 끔찍한 이름('영원한 고립')을 붙입니다.

이러한 측면에서 성서는 인간이 "죽음의 그늘 아래"(시편

23편 참조) 있다고 이야기합니다. 이는 단지 우리가 죽을 운명이라는 뜻이 아닙니다. 성서는 이 앎을 지닌 우리가 무엇을 하고 어떤 존재가 되어가는지 이야기합니다. 성서는 우리의 필멸성이나 동물성을 치유하려 하지 않습니다. 성서는 자아에게만 몰두하는 가운데 우리 스스로 죽음이 되어버리는 현실, 인간 특유의 가망 없는 교만 때문에 죽음에서 도망치다 오히려 죽음을 더 특별한 사건으로 만들어 버리는 현실을 치유하려 합니다. T. S. 엘리엇은 지금까지 한 이야기를 아래처럼 그려냅니다.

> 개의 이빨을 날카롭게 벼리는 자들,
> 그들은 죽음을 의미한다네
> 벌새의 화려함으로 번쩍이는 자들,
> 그들은 죽음을 의미한다네
> 만족이라는 돼지우리에 앉아 있는 자들,
> 그들은 죽음을 의미한다네
> 동물처럼 황홀경에 빠진 자들,
> 그들은 죽음을 의미한다네
> – T. S. 엘리엇, 「마리나」

VI
다시금 시선을 또렷하게 하기

　십자가에 달린 예수에게서 '나'는 감히 내가 결코 될 수 없는 사람, 내가 결코 받아들이지 못하는 죽음을 감내하는 사람을 봅니다. '나'는 그와 같은 사람이 되느니 차라리 그를 죽이는 편을 택합니다. 하지만 그를 없애려는 '나'의 시도는 도리어 그토록 피하고 싶어 했던 죽음의 상징과 나를 마주하게 합니다. 예수는 내가 두려워하는 정체성, 내가 무서워하는 인간성이 육체를 입고 나타난 존재입니다. 그 두려움에 사로잡혀 '나'는 그를 죽입니다. 그렇게 나는 내가 두려워하는 진짜 이유와 정면으로 부딪칩니다. 감히 맞이할 엄두조차 못 냈던 그 죽음과 말이지요. 끔찍한 비밀은 '내가 결코 될 수 없는 사람'과 '내가 결코 받아들이지 못하는 죽음'이 사실 하나라는 데 있습니다. 그 사람이 되지 않으려 격렬하게 반응할수록 도리어 '나'는 더 철저하게 죽음을 마주하게 됩니다.

우리 존재의 가장 깊은 심장부에는 끊으려야 끊을 수 없는 연결고리가 하나 있습니다. 바로 '죽음'과 '참된 인간' 사이의 연결입니다. 우리는 이 연결에 거세게 저항합니다. 우리가 쌓아 올린 문화라는 탑은 이 연결을 부정하는 토대 위에 서 있습니다. 우리는 이 진실을 마주하기를 거부합니다. 그래서 동원할 수 있는 모든 문화, 모든 습성의 이름으로 '참된 인간'을 파괴하지요. 그 파괴하는 행위를 통해 우리는 비로소 진실 안으로 들어가게 됩니다. 참된 인간을 파괴함으로써 우리가 부정하려는 바로 그것, '죽음을 통해 완성된 인간'이라는 상징을 우리의 손으로 완성합니다.

십자가는 문화를 부정하지 않습니다. 십자가는 오히려 문화가 하느님을, 온전한 진리를, 온전한 현실을 부정하는 사건입니다. 그리고 하느님께서 이 부정을 치유의 상징으로 드러내신 사건입니다. 의식이 구원받는 유일한 길이 여기에 있습니다. 자신이 절대적인 세상을 구축할 수 있다는 생각의 끝자락에서 시종일관 부정하던 내용을 상징으로 만들어 냈을 때, 죽음을 통해 완성된 인간을 자신이 만들어 냈음을 깨달을 때 의식은 구원받을 수 있습니다.

이러한 면에서 십자가는 하느님께서 창조하신 인간과 우리 스스로 만들어 낸 인간 사이에 가장 현실감 넘치는 대화가 열리는 자리입니다. 이 대화는 적나라하게 이루어지기에 폭력을 수반합니다. 인간이 할 수 있는 모든 저항을 동원한 폭력이 일어나기에 그 폭력을 받아낼 희생자가 필요하게 됩니다. 우리가 진정한 자신을 되찾을 수 있는 유일한 장소인 죽음 안으로 우리를 이끄는 존재는 오직 희생자가 된 예수 그분뿐입니다.

우리는 온전한 진리를 거스르는 마음이 너무나 큽니다. 그래서 우리의 저항을 통과하지 않고서는 저 진리에 다다를 수 없습니다. 존재의 중심으로 나아가는 이는 바로 그곳에서 자신이 찌른 예수를 마주 보아야 합니다. 그가 인간이라면, 인간 세상과 한 몸을 이루고 있다면, 예수를 찌른 자는 다름 아닌 그 자신이기 때문입니다. 그리스도교 전통에서 전해지는 이 고백을 기억하십시오.

내가 그분을 죽였습니다. 내 죄가 그분을 십자가에 못 박았습니다.

십자가는 하느님께서 이 세상을 부정하신 사건이 아닙니다. 오히려 십자가는 이 세상이 하느님을 부정한 사건이자 하느님께서 그런 세상을 받아들이셨음을 보여 주는 부정의 상징입니다. 하느님께서는 이 세상을 지극히 사랑하셨기에 독생자를 보내셨습니다. 따라서 금욕에 기초해 십자가가 세상을 향한 경멸의 상징이라고 말하는 가르침은 무엇이든 그리스도교를 왜곡한 궤변입니다. 그런 가르침들은 아무리 철저하게 '나'를 부정할 것을 가르쳐도 정작 가장 핵심인 자기 부정은 회피합니다. 자신 또한 예수를 십자가에 못 박는 그 세상의 일부임을 뼈저리게 인정하는 가장 중요한 자기 부정 말이지요.

이를 인정해야만 하느님께서는 우리에게 우리의 죄를 드러내시고 당신의 용서를 보여 주실 수 있습니다. 그러한 면에서 십자가를 세상을 향한 경멸의 상징으로 보는 금욕주의자들은 자기도 모르게 섣불리 하느님의 자리에 오른 것과 다름이 없습니다. 그렇게 되면 사랑의 신비 안에 계신 그분을 끝내 만나지 못합니다.

애통함은 종말에 닿아 있다

애통함의 본질은 무엇일까요? 우선 애통함은 내가 상대에게 저지른 악이나 해악과 관련이 있습니다. 일부러 했든 무의식중에 했든 말이지요. 상식에 비추어 보면 자신이 상처를 입히는 줄도 몰랐는데 어떻게 애통해할 수 있는지 질문이 들 수 있습니다. 하지만 깊이 성찰해 보면 다릅니다. 정말 애통할 때는 자기가 알지도 못한 채 상대에게 저지른 일을 뒤늦게 깨닫게 되었을 때입니다. 인간관계에는 늘 기묘한 무지가 섞여 있습니다. 이 무지는 단순히 가해자가 누군가에게 고통을 주도록 방치하지 않습니다. 어떻게 보면 상대를 알아보지 못하는 무지 그 자체가 이미 상대에게 가하는 폭력입니다.

애통함은 후회와 다릅니다. 진정 애통해하는 사람은 자신이 무슨 일을 해왔는지 깨달았을 때 자신 앞에 펼쳐진 새로운 상황을 온전히 받아들입니다. 애통해하는 나는 내가 확인한 내 모습을 받아들입니다. 반면 후회는 다릅니다. 후회는 분명 인간이 하는 일이고, 인간이라면 할 수밖에 없는 일이기도 합니다. 하지만 후회에는 머릿속에서 과거 사건 전체를 재생하려는 심리가 숨어 있습니다. 단, 그 잘못을 저지르지 않는 장면으로 말이지요. 후회하는 사람은 마음 한구석에 결백을 유지하려는 경향이 있습니다. 조지프 콘래드Joseph Conrad의 소설 『로드 짐』Lord Jim에 나오는 짐처럼 말이지요. 상상 속에서 그는 침몰하는 배와 승객을 버리고 구명보트로 뛰어내렸던 비겁하고 치명적인 순간을 끊임없이 복기합니다. 하지만 상상 속 그는 배에서 더는 뛰어내리지 않습니다. 실제 그는 이미 비겁자가 되었지만 상상에서만큼은 끝까지 배에 남아 자신의 명예와 결백을 지키려 애쓰는 것이지요.

애통함의 세 번째 특징은 용서입니다. 애통함은 상처 입은 사람이 상처를 입히고 애통해하는 이를 온전히 용서할 때 비로소 완성됩니다. 온전히 애통해하는 사람은 보통 수준을 뛰어넘어 자기 자신을 발가벗겨 드러냅니다. 이렇게 자기를 드러냈는데 상대가 "음, 이제 그 이야기는 그만합시다"라고 반응한다면 이는 애통해하는 이에 대한 모욕입니다.

온전히 애통해하는 사람은 애통해한다는 사실 그 자체로 새로운 친밀함의 단계에 들어섭니다. 그런데 상대가 예전 관계에 쓰던 태도로 애통해하는 이를 대한다면 상황은 역전됩니다. 인간이 범하는 가장 뿌리 깊은 죄, 상대를 알아보지 못하는 무지가 상처를 준 사람에게서 상처를 입은 사람에게로 옮겨가는 것이지요. 상한 마음에서 우러나와 거저 주는 선물을 마치 빚 갚는 행위처럼 취급하는 일은 끔찍하기 짝이 없습니다. 이는 친구가 보여 주는 참회를 받을 자격이 없음을 스스로 드러내는 것입니다. 그렇기에 온전한 애통함이 요구하는 온전한 용서는 인간의 영역보다는 하느님의 영역에 가깝습니다. 실수는 인간의 일이나, 용서는 하느님의 일입니다. 셰익스피어가 그의 가장 성숙한 작품에서 용서를 주제로 다루며 자비를 베푸는 인물을 거의 하느님과 같은 존재로 묘사했다는 점은 의미심장합니다.*

그렇다면 이 애통함의 가장 깊은 곳에는 무엇이 자리 잡고 있을까요? 과거에는 아무 문제 없다고 느꼈던 일에서 이제야 악을 발견하는 마음, 그리고 그 과거를 없던 일로 되돌

---

* 《폭풍우》The Tempest를 가리키며 "자비를 베푸는 인물"은 주인공 프로스페로Prospero를 가리킨다. 『폭풍우』(아침이슬).

리려 하지 않는 마음, 그리고 자신이 온전히 살아 숨 쉴 수 있는 환경으로서 조건 없는 용서를 필요로 하는 그 마음의 정체는 과연 무엇일까요? 애통함은 과거에 대한 슬픔이라기보다는 현재에 관한 슬픔입니다. 또한 애통함은 분명 우리 영혼이 깨어나는 사건입니다. 그런데 무언가가 깨어나는 이 긍정적인 사건을 나타내는 상징이 '부서진 마음'인 걸까요? 마음이 변한다기보다는 잃어버렸던 마음을 발견하는 것에 가까운 이 변화는 도대체 무엇일까요?

애통함은 일종의 각성입니다. 즉, 현재의 지평이 확장되는 일이며 미래에 대한 새로운 약속을 받는 일입니다. 참회를 하면 과거라는 굴레에 갇히지 않게 되지만, 과거를 정직하게 마주하는 일은 반드시 필요합니다. 예언자 나단 앞에서 다윗이 눈물 흘리는 장면을 생각해 보십시오. 그가 헷 사람 우리야에게 저지른 일을 '지금, 여기'에서 강렬하게 다시 체험해야만 그 눈물이 가능합니다. 현재에서 과거가 되살아나야 하는 것입니다.

그렇다면 애통함이 일어나는 순간 과거와 현재와 미래라는 세 차원은 서로 어떻게 얽힐까요? 우리가 평소에 겪는 시간의 흐름, 곧 과거를 지나 현재를 거쳐 미래로 나아가는 흐름과 비교해 봅시다. 사실 우리는 평소에 시간의 흐름을 거의 인지하지 못합니다. 과거는 '효력이 다한 상황'으로 치부하고 현재는 '힘을 쏟아야 할 새로운 요구'로 여기며 미래는 '욕망이 향하는 막연한 방향'으로만 두지요. 반면 애통함의 과정은 다릅니다. 여기서는 과거가 단순히 지나간 일이 아닙니다. 과거는 현재 안으로 들어와 생생하게 되살아나고 현재는 의미 있는 진짜 미래를 향해 활짝 열립니다. 뉘우치는 사람의 의식 안에서 말이지요. 인간은 고정된 존재가 아닙니다. 인간은 끊임없이 성장하며 변화해 가는 과정 그 자체입니다. 이것이 인간이 겪는 참된 시간입니다. 그래서 죄인 줄도 모르고 지냈던 그 과거의 사건이 비로소 눈을 뜬 현재의 나에게 닥쳐와 이렇게 묻는 것입니다. '자, 이제 깨달았는가? 그렇다면 지금 사랑이 해야 할 일은 무엇인가?'

이 질문은 우리를 문제의 핵심으로 데려갑니다. 한때 무지 속에 잠겨 있던 '나'의 악행에 비로소 눈을 뜬 지금 그 악에서 무엇을 발견하게 될까요? 답은 하나뿐입니다. 내가 지난날 저질렀던 악을 통해 나는 다름 아닌 나 자신, 지금 깨어나고 있는 '나의 참된 중심'을 스스로 억눌러 왔음을 발견합니다. 그런 면에서 내가 죄라고 깨달았던 그 행위의 진짜 희생자는 친구도 아니고 하느님도 아닙니다. 바로 '참된 나'입니다. 물론 나는 누군가에게 상처를 입혔습니다. 하느님을 저버리기도 했습니다. 하지만 더 근본적으로는 악의 심장부에서 작동하는 그 은밀한 원리에 따라 내가 '나의 중심'을 망가뜨렸습니다. 인간의 선함이 흘러나올 수 있는 유일한 원천인 그 마음을 누군가를 위해 쓸 수 없게 만들었고 누군가에게 줄 것이 없게 만들었으며 생명과 성령의 목소리에 무감각한 불모지로 만들어 버렸습니다. 내 친구가 원하고 하느님께서 부르시는 대상은 바로 내 마음입니다. 이 구도에서는 악을 단순히 '내 마음을 내어주지 않는 것'이라고 생각하기 쉽습니다. 하지만 '죄악의 신비'mystery of iniquity, 곧 진짜 무서운 악은 마음을 안 주는 것이 아닙니다. 아무런 계명을 어기지 않고 그저 점잖은 모범 시민으로 살아가면서 정작 남에게 줄 마음이 아예 사라져 버린 상태를 스스로 만들어 버리는 것, 이것이야말로 심각한 악입니다.

성서에서는 죄를 '완고한 마음', 즉 마음이 돌처럼 굳어버린 상태로 표현합니다. 여기서 우리는 더 근본적인 질문을 던져야 합니다. 도대체 우리가 어떤 방식으로 마음을 완고하게 만들어 버리는지 말이지요. 문제는 우리가 눈에 보이는 '거부의 결과'(선물을 안 했다, 관심을 안 주었다)에만 초점을 맞추느라 정작 마음이 완고해지는 과정 그 자체는 보지 못한다는 데 있습니다. 그래서 우리는 너무나 쉽게 저 죄인은 완고한 마음을 가졌다고, 그의 중심이 돌덩이가 되었다고 말합니다. 하지만 이는 미묘하지만 결정적인 진실을 놓친 것입니다. 우리의 중심, 마음 자체는 절대 완고해질 수 없습니다. 그 중심은 억눌려 있거나 (은유를 바꾸어 말하면) 딱딱한 껍질에 갇혀있을 뿐입니다. 우리는 완고한 마음을 악행의 원천으로 여기는 데 너무 익숙해져 있습니다. 그래서 정작 그 딱딱한 감옥에 갇혀 신음하는 '부드러운 마음'이야말로 악행의 가장 큰 희생자라는 진실을 보지 못하지요.

죄와 애통함에 대한 심리적 분석은 신약성서의 핵심과 정확히 일치합니다. 적어도 우리가 예수를 '참된 나'의 상징으로 받아들인다면 말이지요. 이 관점은 생각보다 훨씬 더 깊게 그리스도교 신학 전통에 뿌리를 두고 있습니다. 예수는 진정한 의미에서 죄의 희생자입니다. 이 말은 결코 모호하고 경건한 수사가 아닙니다. 그분이야말로 우리 내면에서 악이 무시하고, 모르는 체하고, 짓밟도록 허용해 버린 바로 그 존재, 억눌린 나의 참된 모습을 상징하기 때문입니다. 십자가 위 그분의 마음은 내가 나 자신에게, 다른 누군가에게, 하느님에게 주기를 거부했던 바로 그 마음입니다. 저는 예수 성심에 대한 가르침*을 이런 관점으로 새롭게 해석한다면 놀라운 일이 일어나리라 믿습니다. 이 해석은 하느님의 시선에서 볼 때 악이란 다름 아닌 우리가 십자가에 달리는 것이며 그 규모가 상상할 수 없을 정도로 거대하다는 사실을 보여 주기 때문입니다. 우리는 죄를 지을 때마다 우리 자신을 십자가에 못 박습니다. 마르가리타 마리아Margaret Mary에게 내린 예수 성심의 계시는 어쩌면 먼 훗날 다가올 이 신학을 미리 보여 준 것일지도 모릅니다. 그녀는 내면에서 일어난 배신과 치유를 보았습니다. 인간의 너무나도 평범한, 교양 있는 삶과 문화에 상처받고 찔린 하느님의 마음이 사실은 우리의 마음이었음을 알려 준 것이지요. 이러한 맥락에서 애통함은 우리가 새롭게 거듭나면서 겪게 되는 진통이라 할 수 있습니다. 이 진통은 그리스도의 마음이 겪는 고통인 동시에 그분 안에서, 그분을 통해 깨어나는 지체들인 우리의 마음이 겪는 고통이기도 합니다. 둘은 결코 나뉠 수 없습니다. 그리스도 안에 머

---

* 로마 가톨릭 교회의 대표적인 신심 중 하나로, 예수 그리스도의 심장을 그분의 인류를 향한 사랑과 회생의 상징으로 삼아 공경하는 것이다. 보통 가시관에 둘러싸여 찔리고, 십자가 꽂힌 채 불타오르는 심장의 모습으로 묘사되며 인간의 죄 때문에 상처받은 예수의 마음과 그럼에도 불구하고 불타오르는 사랑을 시각적으로 표현. 본문에 언급된 마르가리타 마리아는 17세기 프랑스 수녀로, 예수 성심에 대한 환시를 보고 이 신심을 전 세계에 알린 인물이다.

무는 이는 스스로 파괴했던 자신의 참되고 궁극적인 정체성을 찾고 하느님을 향한 자유를 누립니다. 그렇게 그는 '참된 나'가 되어 갑니다.

상징의 차원에서 보면 창에 찔린 그리스도의 심장과 그리스도교 신비 전통의 핵심인 '마음의 뉘우침' 사이에는 일종의 가족 유사성이 있습니다. 지금까지는 상징을 훼손하면서까지 둘의 연결을 애써 무시해 왔지만 말이지요. 마음의 뉘우침은 그저 그리스도의 심장을 남 보듯 바라보는 데서 오는 결과가 아닙니다. 그리스도의 심장을 봄으로써 그 안으로 들어가 보이는 그대로가 되고, 십자가에 달리신 분을 입어 그분을 닮아갈 때 신앙은 마음을 뉘우칩니다. 그리스도의 심장이 창에 찔린 사건과 내 심장, 마음이 찔리도록 허용하는 일, 이 둘을 하나로 묶어주는 중간 고리가 있습니다. 바로 나의 죄가 다름 아닌 내 심장, 내 마음을 찔렀음을 의식하고 받아들이는 것입니다. 믿음의 눈으로 창에 찔린 그리스도의 심장을 바라보면 우리는 우리의 심장, 우리의 마음이 죄의 희생자임을 실감하게 됩니다. 그리고 그 죄를 뉘우치는 자아를 새로운 생명으로 받아들이게 됩니다.

점잖게 앉아서 하는 경건한 묵상으로는 죄인의 마음이 부서지지 않습니다. 오히려 나의 죄가 산산조각 내버린 내 마음의 참상을 생생하게 목격할 때, 그리고 그 부서진 조각들을 나의 것으로 받아들일 때 비로소 새로운 생명이 깨어납니다. 나의 부서진 마음을 목격하는 일, 이것이 바로 예수 성심을 보는 일의 핵심입니다. 여기서는 거대한 대결이 일어나고 있습니다. 사도 바울이 로마인들에게 보낸 편지에서 그토록 치열하게 다루었던 대결, 바로 죄와 생명의 싸움이지요. 이때 죄란 우리를 인간이 아닌 상태로 만드는 거대한 문화 속 비인격성이며, 생명이란 하느님께서 의식을 창조하신 가운데 이 행성에 심어 놓으신, 하느님을 찬미하고 영광을 올리는 참된 인격성입니다. 이 대결이 인간의 마음이라는 무대에서 펼쳐지며 그 마음은 십자가에 달리신 분 안에서, 그분을 통해 마침내 자신의 참된 모습을 발견하게 됩니다.

탁월한 신학자들조차 이런 시선을 외면했습니다. 그들은 예수 성심을 죄가 하느님께 얼마나 커다란 모욕인지를 깨닫게 해 주는, 신심 깊은 사람들을 위한 도구 정도로 격하했지요. 물론 예수 성심은 죄가 하느님을 아프게 한다는 사실을 보여 줍니다. 하지만 하느님은 진리 그 자체이십니다. 그러므로 하느님께서 우리에게 어떤 진리를 보여 주실 때 그 방식도 곧 진리입니다. 예수 성심이 우리에게 알려 주는 진리는 이것입니다. 죄는 다름 아닌 우리 자신을 파괴함으로써 하느님을 모욕한다는 것입니다. 그러므로 죄가 치유되는 길 역시 하나뿐입니다. 바로 우리가 파괴된 상태에서 벗어나 다시 생명으로 살아나는 것, 즉 부활을 통해서만 죄는 구원받습니다. 언젠가 클레르보의 베르나르두스Bernard of Clairvaux는 말했습니다.

가장 성숙한 사랑은 하느님을 위해 자신을 사랑하는 것이다.[*]

이 논리를 따르자면 가장 성숙한 애통함은 무엇일까요? 내 고유한 생명, 삶이 성령을 위해, 그리고 내 형제자매를 위해 쓰이지 못하고 차단되어 버린 상태를 애통해하는 것입니다.

---

[*] 12세기 시토회 수도원장이자 신비가였던 클레르보의 베르나르두스 Bernard of Clairvaux의 저서 『하느님의 사랑에 관하여』De Diligendo Deo에 나오는 핵심 사상이다. 여기서 그는 인간의 사랑이 성숙해 가는 과정을 4단계(자신을 위해 자신을 사랑하는 단계, 자신을 위해 하느님을 사랑하는 단계, 하느님을 위해 하느님을 사랑하는 단계, 하느님을 위해 자신을 사랑하는 단계)로 구분했다. 마지막 단계는 가장 도달하기 어려운 경지로, 자신의 모든 뜻이 하느님의 뜻과 완전히 일치하여, 하느님이 귀하게 여기시는 피조물인 '나'를 하느님의 마음으로 사랑하게 되는 상태를 말한다. 저자는 이를 인용하여, 죄로 인해 파괴된 자신을 보고 애통해하는 것이 단순한 자기 연민이 아니라, 하느님의 뜻에 합치된 가장 성숙하고 거룩한 영적 행위임을 역설하고 있다. 『하나님을 사랑하는 것에 관하여』 (키아츠).

애통함은 하느님을 향해, 그리고 하느님께서 창조하신 인간 세계를 향해 나의 고유한 생명이 다시 깨어나는 과정과 나뉘지 않습니다. 그 애통함에서 비롯된 눈물은 우리가 하느님께, 남편과 아내에게, 친구에게, 그리고 나 자신에게 새로운 존재로 다시 나아가게 하는 통로입니다. 우리는 오직 그리스도 안에서, 그리스도를 통해 하느님과 세상 앞에서 성숙한 인간이 될 수 있습니다. 그리스도야말로 우리가 죽여 버린 생명인 동시에 우리가 죽었음을 뼈저리게 뉘우치게 하는 바로 그 생명이기 때문입니다.

한 걸음 더 나아가 봅시다. 무지, 무의식은 죄를 범하도록 허용하는 조건인 동시에 죄 그 자체입니다. 나를 내 무의식이 일으킨 '행위의 희생자'로 보기보다는 무의식, 무지 자체의 희생자로 보는 것이 적절합니다. 십자가에 달린 이는 거울처럼 '정상성의 삶'에서 설 자리가 없는 '나', 정상성에 순응한 내가 자리를 내어줄 필요도 느끼지 못했던 나의 고유하고 굶주린 인간성을 비춥니다. 이에 우리는, '정상 사회를 살아가는 나'는 질문합니다.

주님, 우리가 언제 당신께서 굶주리신 모습을 보고도 당신을 돌보아 드리지 않았다는 것입니까? (마태 25:44)

자신의 결백을 믿으며 그토록 순진하게 질문을 던질 때, 그 질문 속 "당신"은 과연 누구입니까? 굶주린 "당신"은, 우리가 방치하고 굶긴 나의 생명, 다름 아닌 '참된 나'입니다 십자가에 달린 이를 통해 우리는 참된 나를 외면하고 방치하는 일이 실제로는 나를 파괴하는 일이었음을 알게 됩니다. 따라서 우리는 인격이 파괴된 상태에서 십자가 앞에 서게 됩니다. 그분 앞에서 우리가 원래 되어야 할 바대로, 인간다운 인간으로 깨어나기를 갈망하게 됩니다. 그분에게서 우리는 배웁니다. 내가 가장 죄 없다고 여겼던 그 순진한 순간이 사실은 죽음을 부르는 순간이었음을 말입니다. 내가 만든 '거짓 나'에서 내가 파괴해 버린 '참된 나'로 건너가는 저 아찔한 도약을 익히기 위해 우리는 그분께 갑니다.

오늘날 신학이 근시안이 되어 버린 이유는 바로 이 '하느님께서 창조하신 인간'과 '인간이 스스로 만들어 낸 인간' 사이의 강렬한 대비를 잃어버렸기 때문입니다. 빌라도는 외쳤습니다.

보라, 이 사람이다!Ecce Homo

우리는 이 외침이 우리 자신의 잊힌 심연을 가리키는 말이라고는 생각하지 못합니다. 인자, '사람의 아들'이 잃어버린 것을 찾아 구원하러 왔다고 말씀하셨을 때 그 잃어버린 것이 우리 자신이라는 감각을 상실했습니다. 그래서 우리는 언덕 위에서 죽어 가는 이를 알아보지 못합니다.

그리스도교 전통조차 이 거대한 진실을 하나의 시선으로 꿰뚫어 보지는 못했습니다. 하지만 그 핵심 요소를 조각조각 모아왔지요. 물론 그리스도교는 골고다에서 태어난 인간이 우리의 상상을 뛰어넘는 새로운 인간이라고 확신합니다. 그가 살아가는 세계는 인간이 역사를 통해 세운 '인공의 도시'가 아니라 하느님께서 여시는 '새로운 시대'임을 의심하지 않습니다. 하지만 전통은 인간으로 살아가는 이 새로운 방식의 씨앗이, 다름 아닌 우리가 '나'라고 믿고 있는 바로 그 사람 안에 묻혀 있어야만 한다는 사실을 놓쳤습니다. 그리하여 십자가 처형이 두 세계 사이의 문이라는 의미도 충분히 이해하지 못했습니다. (인간이 만든) 세상이 정상으로 여기는 삶, 자기만족을 추구하는 삶이 하느님께서 창조하신 마음, 당신을 향한 찬미와 영광을 바라시는 마음, 곧 우리의 참된 마음을 십자가에 못 박고 있다는 사실을 놓친 것이지요. 신학은 종종 예수께서 세상에 의해 처참하게 죽임당하셨다는 사실을 직시하지 않고 그저 이 세상에서 저세상으로 넘어가는 통과 의례 정도로 취급하곤 합니다. 그런 신학들에서는 예수께서 십자가가 아니라 엄청난 인내심을 발휘하시다 폐암으로 돌아가셔도 그리 상관없을 것입니다.

이 모든 일의 전환점은 애통함입니다. 옛 인간의 세계와 새로운 인간의 세계, 이 두 세계 사이에서 애통함은 '인간 이하'를 넘어선 '인간 이상'의 것입니다. 애통함은 우리를 인간 이하로 만드는 세상의 모든 악, 우리 내면에 깃든, 다가올 영광의 주님을 십자가에 못 박는 그 모든 악을 기꺼이 자기 것으로 짊어지는 '인간 이상의 존재'가 겪는 슬픔입니다.

창에 찔린 그리스도의 심장과 아픔에 찔린 우리의 심장이 일치를 이룰 때 우리가 겪는 애통함은 마지막 날 마주할 진실을 앞당겨 보여 줍니다. 애통함은 인간의 시간과 하느님의 시간을 잇는 경첩입니다.

창에 찔린 그리스도의 심장과 아픔에 찔린 우리의 심장이 일치를 이룰 때
우리가 겪는 애통함은 마지막 날 마주할 진실을 앞당겨 보여 줍니다.

붓다와 그리스도

붓다가 된 고타마 싯다르타Gautama Siddhārtha는 욕망을 모든 고통의 원인으로 보았습니다. 그러므로 욕망을 제거하면 평안에 이를 것이라고 가르쳤지요. 하지만 이러한 분석은 문제의 뿌리까지 파고들지는 못했습니다. 우리의 평안을 깨뜨리고 자유를 앗아가는 원인은 욕망 그 자체가 아닙니다. 욕망에 두려움이 뒤섞여 있기 때문입니다. 욕망은 우리에게 근본적인 요소입니다. 살아 있다는 것은 곧 무언가를 욕망한다는 뜻이니까요. 그런데 욕망이 생기는 순간 두려움이 끼어들어 이렇게 속삭입니다.

네가 원하는 것을 얻지 못하면 어떻게 될까?

이렇게 해서 욕망과 두려움의 기묘한 동거가 시작됩니다. 겉보기에는 자연스럽고 심지어 피할 수 없는 동반자 관계처럼 보입니다. 원하는 것을 얻지 못할 수 있다는 두려움만큼 욕망을 더 강하게 부추기는 자극제가 어디 있겠습니까? 하지만 무언가를 얻지 못할까 두려워하는 것은 그 무언가가 좋아 바라는 것과는 전혀 동기가 다릅니다. 보통 우리는 이 차이를 알아차리지 못합니다. 우리가 경험하는 욕망은 은밀하게 두려움과 혼인 관계를 맺고 있으며 빈번하게 두려움의 지배를 받기 때문이지요. 앞서 두려움을 욕망의 자극제라고 했습니다. 욕망이 말이라면 두려움은 그 말 위에 올라탄 기수인 셈이지요. 말 자체는 훌륭합니다. 이 어두운 기수가 내려오기만 한다면 말은 태양의 심장을 향해 질주할 것입니다.

두려움 때문에 욕망이 혼란을 겪는 예시를 몇 가지 들어 보겠습니다. 연인 관계에서 한 여자(혹은 남자)가 일부러 제삼자를 이용해 질투심을 자극하면 연인은 이에 반응할 수 있습니다. 연인을 빼앗길지 모른다는 두려움을 사랑으로 착각할 수 있지요. '내가 놓칠지도 모르는 무언가'가 자기도 모르게 '내가 원하는 무언가'로 바뀌어 버린 것입니다.

강력한 광고 기법들도 이런 식으로 두려움을 이용해 욕망을 조작합니다. 이런 광고들은 자동차나 면도 후에 바르는 스킨로션 같은 상품 자체에 초점을 맞추지 않습니다. 대신 '이 물건이 없으면 당신은 아무것도 아닙니다. 빈털터리입니다'라고 위협하지요. 이러한 면에서 광고 산업이 노리는 표적은 우리의 식욕이나 물욕이 아니라 바로 '자아'라 할 수 있습니다. 이런 사례들을 보면 두려움이 욕망과 공모하는 모습, 두려움이 교묘하게 욕망으로 침투하는 모습을 발견할 수 있습니다. 하지만 우리의 경험은 우리 힘만으로 그 깊은 뿌리에 닿을 수 없음을 알고 있습니다. 두려움과 욕망이 한 몸처럼 뒤엉킨 내면의 심연까지 우리를 데려가 우리를 옭아매는 저 '결혼' 관계를 갈라놓을 수 있는 분은 오직 성령뿐입니다. 붓다도 그 깊은 곳까지는 닿지 못했던 것처럼 보입니다. 그는 두려움에 오염되어 혼란에 빠진 욕망만 보았기에 그가 제시할 수 있는 해법은 욕망 자체를 없애는 길뿐이었습니다. 이와 달리 그리스도교에서는 우리의 평생 과업이 우리의 욕망을 두려움에서 해방시키시는 하느님의 은총 어린 활동에 참여하는 것이라고 말합니다. 그렇기 때문에 이 과정에서는 성장할 때마다 다시금 두려움이 속삭입니다. '나 이제 어떻게 되는 거지? 내 앞날은 어떻게 될까?' 영적 식별의 기술은 저 목소리의 정체를 알아차리고 새로운 질문으로 이에 맞서게 해 줍니다. '두려움에서 벗어나 자유를 얻었는데 더 바랄 것이 무엇이 있겠어?'

인간의 질병을 진단하는 데 있어 불교와 그리스도교의 차이는 십자가를 그리스도교답지 못하게 이해하는 것과 그리스도교답게 이해하는 것의 차이와 같습니다. 그리스도교답지 못한 이해에서는 십자가에 못 박는 자는 삶이며 십자가에 달린 희생자는 '자아'입니다. 불교도 마찬가지입니다. 삶과 욕망이 가해자이며 '자아'가 희생자입니다. 그래서 불교는 가해자인 욕망을 제거해야 한다는 처방을 내립니다. 참된 그리스도교는 욕망이 가해자가 아니라 (두려움에 사로잡힌 자아에 의해) 십자가에 못 박힌 희생자라는 처방을 내립니다. 인간으로서 우리의 에로스, 욕망은 이를 추적해 오는 두려움 때문에 무수한 방식으로 학대당하고, 엉뚱한 곳으로 향하고, 왜곡되고, 다른 것으로 둔갑합니다. 그리고 마침내 우리는 우리의 욕망을 혐오하게 됩니다. 이 병에 대해 하느님께서 내리신 처방은 '참된 나'와 에로스를 희생 제물로 상징화하는 것입니다. 그분은 우리를 욕망을 없애는 길로 부르시지 않습니다. 애통함과 거듭남의 길로 부르십니다.

저는 유일한 배움터인 체험을 통해 이를 배웠습니다. 한

때 저는 가까운 관계 때문에 십자가에 못 박히듯 정신이 나갈 정도로 괴로워했습니다. 하지만 '나'를 찌른 흉기가 사랑 그 자체가 아니라 그 사람에게 걸었던 '나의 기대'였음을 깨달은 순간 해결과 빛, 자유가 찾아왔지요. '나의 기대'는 마음이 텅 비어 버릴까 겁이 나 상대를 그 구멍을 메우는 재료로 삼습니다. 이러한 자아의 장난질에 사랑은 희생됩니다. 결코 그 반대는 될 수 없습니다. 이를 인정하고 받아들이는 과정은 무척 고통스럽습니다. 하지만 그 아픔은 우리가 두려움에 휘말려 무언가를 욕망할 때 으레 겪는 진부한 고통과는 결이 완전히 다릅니다.

그리스도교에서 말하는 애통함의 핵심에는
바로 애통해하는 인간, 예수가 있습니다.

III

용서에 대한 비유

　주인에게 엄청난 빚을 탕감받았으면서도 정작 자기에게 훨씬 적은 빚을 진 동료를 용서하지 않은 무자비한 종의 비유를 살펴봅시다. 이 비유는 겉보기에는 그저 동화 같지만 인간 조건의 핵심을 찌르는 삶의 진실을 담고 있습니다. 바로 '형제를 향한 나의 완고한 마음'이 '내가 하느님께 엄청난 빚을 진 존재'라는 사실을 가린다는 것입니다. 이 비유를 보고 우리는 보통 이렇게 생각합니다. '저 엄청난 빚을 탕감받고서도, 고작 저 적은 빚 하나를 못 봐주네.' 하지만 이렇게 생각해 보아야 합니다. '내가 형제의 빚을 탕감해 줄 이유를 찾지 못하는 것을 보니 하느님의 용서가 내게는 아무런 의미가 없나 보구나.' 이는 기존의 생각을 뒤집습니다. 내가 형제를 용서하지 않는 것은 하느님의 용서에 비추어 볼 때 '말도 안 되는 일'일 뿐만 아니라 하느님의 용서라는 빛이 내 안으로 들어오지 못하게 막는 장애물입니다.

동화의 차원에서 보면, 타인의 빚을 탕감해 주지 않는 종은 주인에게 가혹한 처벌을 받습니다. 하지만 실제 삶의 차원에서 보면, 완고한 마음 때문에 받는 벌은 다름 아닌 무지입니다. 내가 하느님께 빚진 자이자 그분의 용서를 절실히 필요로 하는 존재임을 까맣게 잊어버리는 것, 이것이 완고한 마음으로 인해 받게 되는 형벌입니다.

비유는 하느님과 우리 사이, 그리고 우리와 동료 인간 사이의 객관적인 관계를 보여 줍니다. 하지만 우리가 그 관계를 생생하게 느끼는지, 아니면 까맣게 모르는지까지 설명해 주지는 않습니다. 바로 이 지점을 파고들어야 합니다. 복음이 우리 안에서 살아 숨 쉬게 하려면 이 문제를 붙들고 씨름해야 합니다. 우리는 하느님의 용서를 단순히 빚을 탕감받는 사건이 아니라 우리 자신과 세상을 보는 눈이 송두리째 뒤바뀌는 사건으로 이해해야 합니다. 그렇게 눈이 뜨이면 하느님께서 우리를 용서하시는 일과 우리가 서로를 용서하는 일이 별개가 아니라 한 몸처럼 얽혀 있음을 깨닫게 됩니다. 여기에는 오직 하나의 체험만, 죄의 굴레에서 풀려난 마음이 동료 인간을 향해 활짝 열리는 체험만 있을 뿐입니다. 내가 하느님의 용서가 절실한 존재임을 깨닫지 못하면, 내 머릿속에서는 자동으로 타인을 내 발아래 두게 됩니다. 남에게 빚을 갚으라고 다그치는 일을 지극히 당연한 일로 느낀다면 이는 그가 '내 인생의 주인은 나'라고 착각하고 있다는 증거입니다. 이런 자기 인식에는 하느님의 용서가 끼어들 틈이 없습니다.

'나는 근본적으로 나 자신을 어떻게 보고 있는가?' 이 질문을 파고들면 들수록, 내가 용서를 받아야 할 존재라는 사실과 남을 용서해야 한다는 사실이 결국 한 덩어리라는 점이 분명해집니다. 내 삶의 중심이 오직 하나, 온갖 염려에 둘러싸인 자아뿐이라면 나는 용서받을 필요를 전혀 느끼지 못할 것이고 어떤 식으로든 타인에게 대가를 요구하는 것을 당연하게 여길 것입니다. 하지만 신비롭고 내면의 품을 넓혀 주는 또 다른 중심(성령)이 내 안에서 생생한 실재, 현실이 되면 이야기가 달라집니다. 그때 나의 자아는 비로소 새로운 영적 세계에 제자리를 잡게 됩니다. 그 세계에서는 하느님의 자비가 없으면 내가 살 수 없다는 사실이 선포되고 남에게 빚을 갚으라고 윽박지르는 일이 얼마나 터무니없는지가 드러납니다.

하느님의 용서가 절실해지고 생생한 현실이 되면 내 마음 속 타인들은 비로소 감옥에서 해방됩니다. 적, 아니면 '무언가 뜯어낼 친구'라는 범주에 가두던 족쇄를 벗어나 넓고 시원한 마음의 세상으로 도약하게 됩니다. 그들도 변화를 알아차립니다. 알아차리지 못한다면, 나 혼자 용서받은 척 연극을 한 것이겠지요.

하느님의 용서에 온전히 나를 내어 맡기지 못하게 하는 가장 은밀하고도 커다란 장애물은 바로 타인을 바라보는 방식입니다. 이 장애물은 수년 동안 차곡차곡 쌓아 올린 기대와 평가, 투사의 체계 속에 도사리고 있지요. 복음은 우리에게 이 불편한 진실을 끈질기고 타협 없이 일깨워 줍니다. 복음은 놀라운 위엄의 하느님과 도움이 필요한 형제를 함께 증언합니다. 둘은 결코 분리될 수 없습니다. 복음의 두 차원 중 하나를 다른 하나로 환원하는 사람은 예수께서 말씀하시는 자신의 참된 중심에서 여전히 겉돌고 있는 것입니다. 태도와 행동의 관계를 더 깊이 이해한다면 이 점이 한층 뚜렷해집니다. 내면의 태도는 '심오한 것'이고 행동은 태도에서 비롯된 '증상'이라 여기는 건 지나치게 단순한 생각입니다. 우리는 우리 자신을 경험하는 만큼, 딱 그 깊이만큼 행동으로 여깁니다. 우리의 병은 내면의 동기라는 씨앗에만 있는 게 아니라 우리가 만들어 낸 세상 관계에도 똑같이 깊이 퍼져 있습니다. 그래서 복음은 우리 질병에 대한 처방전을 십자가에 생명을 못 박는 가해자인 인간이 몸으로 부딪치며 살아가는 현실 한복판에 둡니다.

예수께서 빚과 갚음이라는 심상을 사용하신 곳이 또 있습니다. 바리사이인 시몬의 집에서 죄지은 여인을 만나셨을 때 그분은 두 빚진 사람 이야기를 들려 주시고 이렇게 결론 맺으십니다.

> 이 여자는 그 많은 빚을 탕감 받았다. 그것은 그녀가 많이
> 사랑하였기 때문이다. (루가 7:47)

이 여인이 매춘부였기 때문에 율법을 칼같이 지키던 바리사이인보다 하느님께 더 큰 빚을 졌다는 뜻이 아닙니다. 오히려 예수께서는 그녀가 하느님의 용서라는 영역에 얼마나 깊이 들어갔는지 보여 주시기 위해 더 많은 빚을 탕감받았다고 표현하신 것입니다. 평범하고 경건한 사람의 점잖은 행동과 달리 사랑에 빠진 사람의 파격적인 행동은 인간 존재의 참된 차원을 열어젖히는 특권을 누립니다. 그 차원에서 우리는 하느님께 막대한 빚을 지고 있으나 하느님께서는 기쁘게 그 빚

을 없애주십니다. 스스로 자신은 용서받을 게 별로 없다고 생각하는 사람은 자기 자신을 그만큼 조금밖에 보지 못한 사람입니다.

이 이야기에서 그녀가 많이 사랑했기에 많이 용서받았다는 아리송하면서 역설적인 말씀이 나왔다는 사실은 매우 중요합니다. 앞서 살핀 종의 이야기에서는 엇박자가 났던 하느님의 용서와 인간의 행동 사이의 관계가 여기서는 비로소 제대로 아귀가 맞아떨어졌기 때문입니다. 하느님의 용서가 인간의 삶에서 현실이 되는 바로 그 지점에서 우리는 역설의 언어라는 세계로 빨려 들어가게 됩니다. 그리고 저녁 식사 자리에 난입한 부도덕한 여인의 기이한 행동과 하느님께서 막대한 빚을 탕감해 주신 일을 하나로 엮어 보라는 초대를 받습니다.

IV

하느님과 용서 I

하느님께서 죄를 용서해 주신다는 생각은 종교가 가진 관념 중에서 가장 대범한 생각입니다. 따라서 이 생각을 온전히 받아들이려면 커다란 수고를 감내해야 하지요. 죄의 용서는 인간 경험의 양극단(무한하고 모든 것을 초월하는 전체, 그리고 비루하고 하찮으며 자기 이익만 챙기는 한 인간의 지극히 구체적인 삶)을 하나로 잇습니다. 또한 죄의 용서는 궁극의 숭고함과 베커가『죽음의 부정』에서 말한 다음과 같은 현실을 연결합니다.

> 인간에 대한 정신분석학과 종교의 탁월한 성찰을 통해 발견하게 된 고통스럽고도 매우 심각한 모든 사실의 중심에는 인간 스스로 자존감을 얻기 위해 무슨 짓을 하고 있는지 인정하지 못하도록 가로막는 공포가 도사리고 있다.

오늘날 많은 사람은 하느님의 용서에서 의미를 찾고 이를 갈망하는 데 별다른 어려움을 느끼지 않습니다. 하지만 이 생각이 얼마나 기이한지, 이 생각이 연결하는 무한한 하느님과 비루한 인간이 얼마나 이질적인지는 감을 잡지 못하는 듯합니다. 사람들이 흔히 찾는 하느님은 죄 문제로 고민하는 우리 머릿속 세상에 전통 종교가 가둬 둔 신입니다. 프로이트 식으로 말하면 과거 그 무자비한 모습에서 회초리만 슬그머니 내려놓은 순한 초자아일 뿐이지요. 하지만 진짜 문제는 차원이 다릅니다. 죄를 찍어내는 공장인 우리의 좁디좁은 마음, 그리고 스스로 비천하다고 느끼는 개인의 감각을 거대한 실재의 중심과 연결해야 하기 때문입니다. 이 실재의 중심은 우리가 대단하고 중요하다고 여기는 것들, 즉 자기애에 빠진 자아나 이 자아를 중심으로 이루어진 사회, 철학, 예술, 과학에는 눈길조차 주지 않습니다. 그런데 이런 '자아'에는 관심도 없는 거대한 실재가 '나'의 죄를 용서한다고 상상해 보십시오. 이는 우리 사고 능력을 한계치까지 몰아붙이는 일이며 기존의 정신세계를 부수어야만 가능한 일인지도 모릅니다.

하느님의 용서는 단지 '내가 저지른 죄의 목록'을 지우는 데서 그치지 않습니다. 그분의 용서는 훨씬 더 깊은 곳, 즉 '내가 나 자신을 죄인으로 바라보는 방식' 그 자체를 수술하기 시작합니다. 우리가 흔히 느끼는 자연스러운 죄의식은 내가 관심의 중심에 서 있는 상황에서 발생하는 증오, 즉 자기혐오입니다. 내가 세상의 중심이라는 사실 자체를 역겨워하는 것이 아니라 오히려 내가 세상의 중심이라는 감각에 따라오는 불쾌하고 부정적인 감정인 것이지요. 이때 자기혐오, 자연스러운 죄의식은 내가 세상의 중심이라는 감각 자체에는 의문을 제기하지 않습니다. 오히려 그 감각 내부에서 일어난 부정적인 구성 요소이자 잔뜩 부풀어 오른 자의식이 느끼는 기분 나쁜 상태일 따름입니다. 이런 자기혐오는 참된 죄의식과는 다릅니다. 자기혐오가 알코올 중독으로 인한 '숙취'라면, 참된 죄의식은 알코올 중독에서 벗어나려는 몸부림과 같습니다. 하느님께서는 은총 어린 용서를 통해 의기양양했다가 우울해지기를 반복하는 그 자의식의 체계를 해체하십니다. 즉, 하느님의 용서는 자기중심성에 빠진 죄인이 아니라 자기중심성이라는 죄 자체를 건드립니다.

하느님께서 죄를 건드리시는 활동이 무한하고 초월적인 그분의 본성에 어긋나는 것은 아닙니다. 오히려 이것이야말로 그분의 본성에 가장 잘 어울리는 활동입니다. '자기중심성'이라는 죄는 그 죄를 바로잡을 수 있는 유일한 기준, 곧 '무한하고 빛나는 진짜 중심'을 마주할 때에만 비로소 녹아 없어지기 때문입니다. 하느님께서 죄를 용서하신다는 말은 죄인의 작고 비루한 삶에서 그분이 하느님으로서 활동하기 시작하신다는 뜻입니다. 이 은총의 손길은 초월적인 기원에서 왔음에도 불구하고 죄인이 품고 있는 작은 세계 가장 깊숙한 곳까지 파고듭니다. 그리고 그 세계를 녹여 버립니다. 이 손길은 죄인의 세계를 무시하거나 옆으로 치우지 않습니다. 자기애로 얼룩져 몸부림치는 '나'를 향해 자신을 잊어버리라고 재촉하지도 않습니다. 대신 그 몸부림 한가운데로 파고들어 그 안에 갇힌 포로를 해방합니다. 용서는 죄로 점철된 내 삶의 모든 비루한 면모를 있는 그대로 겪게 하되 미묘하게 다른 방식으로 겪게 합니다. 이제 '나'는 내 모든 비루함을 새로운 맥락에서 겪습니다. 이 과정에서 나는 내 비루함을 덜 느끼는 게 아니라 더 뼈저리게 느낍니다. 은총은 내가 자존감을 지키기 위해 무슨 짓을 하고 있는지 직시하도록 나를 이끕니다. 하느님의 용서는 나의 비루함이 새로운 맥락 안에서 안심하고 모습을 드러낼 수 있도록 은총의 공간을 열어줍니다. 은총의 근원은 온 우주에서 빛나되 우리 눈에 보이지 않는 중심에 있습니다. 그러나 동시에 그 근원은 나의 비루한 일상에 함께합니다. 이러한 발견이 깊어지면서 나는 내 비루함이 본래 비루하지 않은 것을 비루하게 만들고 있음을 깨닫게 됩니다. 한 친구가 누군가와 대화를 나누다 자기가 좀 둔감하게 굴었던 것 같다며 찜찜해합니다. 제가 그가 놓친 부분이 무엇인지 짚어 주자 그는 대뜸 이렇게 말합니다. "아, 전 항상 그래요. 당신 말이 백 번 맞아요." 이 대화는 적어도 지금까지는 아무런 소득이 없습니다. 이 대화 가운데 친구는 의기양양한 위치에서 '난 원래 구제 불능이야'라고 하는 우울한 위치로 그네를 타듯 옮겨갔을 뿐입니다. 이렇게 자기를 깎아내리는 태도는 제가 그에게 확인시켜 주고 싶었던 진실을 피하려는 일종의 속임수입니다. 본인도 의식하지 못한 채 이런 일을 저지르지요. 빛이 비친다면 그가 타인과의 관계를 망치는 근본적인 이유는 그가 자기 자신에게 저지르는 일에 있음을, 그가 파괴하고 있는 것은 자신의 참된 잠재력임을 보게 될지도 모르지만 말입니다. 잘못을 저질렀을 때 우리가 반드시 들어야 하지만 동시에 가장 듣기 싫어하는 말이 있습니다. 바로 우리가 근본적으로 선한 존재라는 이야기, 그런 잠재력을 지니고 있다는 이야기입니다. 자유와 책임, 그리고 나도 모르는 내 안의 막막함까지 있는 그대로 끌어안고 있는 '나의 고유한 삶', 그 깊은 속살을 건드리는 것만큼 쓰라린 일은 없기 때문이지요. 따라서 하느님께서 베푸시는 용서의 상황으로 들어간다는 것은 내 비루함을 내가 나 자신에게 저지르고 있는 일로 여기고 새로운 맥락에서 다시 마주하는 일입니다. 그러한 가운데 '때로는 마음에 들었다가도 때로는 역겨운 나'는 사라지고 '지금 내가 나한테 무슨 일을 저지르고 있는 거지?'라는 깨달음만 남습니다. 그리고 이러한 내면의 움직임이 대화의 물꼬를 터줍니다. 내가 나를 괴롭히던 일이 이제는 내가 나 자신과 나누는 진지한 대화로 바뀌는 것입니다.

이제 내면의 대화가 시작되면서 용서라는 사건의 막이 오릅니다. 내 안에서 무언가 깨어납니다. 나의 비루함에 희생당했지만 그럼에도 내 생명을 온전히 짊어진 자, 그리고 존재 전체에 속해 있는 '참된 존재의 불꽃'이 눈을 뜹니다. 칭찬이나 비난을 넘어선 애통함 가운데 나의 생명이, 내가 존재할 자유가, 실존에 대한 나의 책임이 깨어납니다. 나는 비로소 내 비루함 가운데서 모든 존재의 중심이 되시는 하느님의 손길을 느끼기 시작합니다. 용서란 종교나 문화가 정해 놓은 '죄를 용서해 주는 신'에게 신자가 가서 구하는 것이 아닙니다. 용서란 평소에 '자아'를 중심으로만 해석하던 비루한 인간과 저 초월의 중심을 잇는 다리입니다. 억누르고 옴짝달싹 못 하게 하거나 혼자서 즐겼다가 비난했다가 하는 자아는 너무나 부서지기 쉬워서 타인의 숭배를 갈구합니다. 나를 숭배하던 누군가가 심각한 잘못을 저지르면 이 병든 자아는 자신을 지키기 위해 가장 극단적인 자세, 절대 용서하지 않는다는 자세를 취합니다. 스스로 꽁꽁 묶어두고 방어하는 이 자아의 태도는 타인과의 관계 안에서 뜯어봐야 합니다. 그러면 하나의 길게 이어진 선이 보입니다. 누군가를 죽어도 용서 못 한다고 버티는 상황은 갑자기 튀어나온 게 아니라 그 선 맨 끝자락에 있는 한 극단의 사례일 뿐입니다. 그 선을 따라 일상으로 오면 우리는 늘 일어나는 익숙한 풍경을 마주하게 됩니다. 바로 감옥에 갇혀있는 내 자아가 타인마저 내 기대를 채워줘야 하는 도구로 여기고 감옥에 가두는 상황 말이지요. 타인이 용서받지 못할 죄인이 되기도 전에 그들은 이미 '나'의 자존감 체계를 확장케 해 주는 존재이자 부속품입니다. 원수를 용서하는 은총을 입을 때 이 체계는 완전히 붕괴합니다. 타인에 대한 나의 기대가 실은 '내가 나 자신에게 저지르는 일'에서 비롯되었음을 깨달을 때 이 체계는 이미 위태롭게 흔들리고 있다고 할 수 있습니다.

이제 우리는 하느님의 용서에 나 자신을 여는 것과 타인에 대한 완고한 태도를 허무는 것이 결국에는 '자존감과 자기 비하로 얼룩진 정상성의 체계'가 무너지는 동일한 사건임을 이해하고 체험하는 지점에 이르렀습니다. 원수에 대한 용서는 이 체계 전체를 위험에 빠뜨리는 일입니다. 하느님의 용서에 나를 여는 일 역시 체계 전체에 위기를 불러오는 일입니다. 결국 둘이 불러오는 위기는 같습니다. 그런 점에서 예수께서 원수를 용서하는 일이 마치 구원의 전부인 것처럼 강조하신 이유는 우리의 용서와 하느님의 용서가 가져오는 위기가 본질상 같음을 꿰뚫어 보셨기 때문입니다. 그분은 이렇게 말씀하시는 셈입니다.

바로 그 자리에서 위기를 감내해라.

나만큼이나 이기적이고 비루한 또 다른 인간이 있는 그 자리, 서로의 밑바닥이 드러나 어떤 허울 좋은 소리도 통하지 않는 그 자리에서 말이지요. 그런 의미에서 원수를 용서하는 일은 구원의 전부입니다. 한 사람의 삶에서 이런 일이 일어나고 있다면 하느님의 용서가 본래의 뜻대로 이루어지고 있음을 의미하기 때문입니다. 이제 우리는 "우리가 우리에게 죄 지은 사람을 용서하여 준 것 같이 우리의 죄를 용서하여 주시고"라는 주님의 기도를 이렇게 해석할 수 있습니다.

하느님께서는 우리 일상에서 작동해 용서하지 못하게 만드는 내면의 체계를 녹여 버리십니다. 그렇게 그분은 우리를 용서하십니다. 그 용서를 우리가 체험하게 하소서.

우리가 서로 용서하는 방식을 통해 우리 죄를 용서하소서.

우리가 서로 용서하는 모습처럼, 그 용서가 참인 만큼 우리를 용서하소서.

많은 이가 주기도문에 담긴 간구에 무언가 이상한 점이 있다고 생각할 것입니다. 우리가 이 악물고 억지로 하는 빈약한 용서를 본으로 삼아 하느님께 그 수준으로 용서해 달라고 청할 수는 없는 노릇이니까요. 하지만 주기도문은 분명 우리가 다른 누군가를 용서한 만큼 하느님께서 우리를 용서하실 것이라고 말합니다.

우리가 ... 용서하듯이

이 난제를 푸는 유일한 열쇠는 인간이 서로에게 베푸는 용서야말로 하느님께서 베푸시는 용서를 비추는 거울이며 하느님의 용서는 바로 그 거울을 통해 드러난다고 고백하는 데 있습니다. 우리 존재 중심의 빛이 환히 빛날 때, 달리 말해 하느님께서 죄를 용서하심으로 우리에게 당신을 알리실 때 비로소 참된 용서가 우리 삶 가운데 드러나는 것이지요. 그런 점에서 우리는 이렇게 간구할 수 있습니다.

우리의 죄를 용서하소서.
그리하여 우리가 당신의 용서를 깨닫고,
새로운 공동체 안에서 용서의 삶을 살아내게 하소서.

지금까지 복음을 설명하는 방식은 크게 두 가지였습니다. 하나는 "복음이란 하느님의 조건 없는 용서를 선포하는 것이며, 그 용서는 신앙을 통해 받아들여지고, 성사를 통해 드러난다"는 설명입니다. 다른 하나는 "복음이란 원수 용서에 기초하고 있는 단 하나의, 진정으로 근본적인 윤리"라는 설명입니다. 첫 번째가 복음에 대한 초월론적 설명이라면, 두 번째는 복음에 대한 실존적 설명이라고 할 수 있겠지요. 이 둘은 서로 동떨어지지 않았습니다. 둘 다 복음을 죄 용서에 관한 유일하고 결정적인 진술로 본다는 점에서 말이지요. 복음은 서로를 보완하는 두 가지 일을 수행합니다. 먼저 복음은 우리가 만든 신을 달래려고 지어낸 가짜 용서가 아니라 하느님께서 베푸시는 진짜 용서를 보여 줍니다. 다른 한편 복음은 우리의 옛 자아가 선심 쓰듯 베푸는 가짜 용서가 아닌 타자에 의해 이루어지는 우리의 진짜 용서를 보여 줍니다.

보통 우리가 이해하는 '하느님의 용서'와 '인간의 용서'는 늘 자아를 중심에 둔 인간의 자존감 체계에 속해 있고 그 내면을 대변합니다. 이 체계 안에서 하느님은 자아를 섬기는 사제가 되어 버리고 적당히 회개한 원수는 내가 베푸는 자비의 수혜자가 될 뿐이지요. 이와 달리 참된 '하느님의 용서'와 '인간의 용서'는 '나' 자신을 비판하고 돌이키며 성장하는 대화를 나누는 '새로운 인간'이라는 체계에 속해 있습니다.

마지막으로, 우리의 비루함 한가운데서 일어나는 하느님의 용서는 그 모든 것을 아우르는 상징으로 '십자가에 달린 이'를 제시합니다. 이 상징은 우리 안에 있는 선을 파괴하는 일이 바로 죄임을 말해 줍니다. '십자가에 달린 이'는 자아 도취에 빠진 자존감을 자기 비하로 상쇄하려는 우리의 꼼수를 넘어섭니다. 그리고 우리 각자의 내면에 있는 '십자가에 못 박는 자'와 '십자가에 못 박힌 자'의 대화로 우리를 인도합니다.

결국 모든 용서가 이루어지는 자리인 애통함은 십자가에 못 박는 자의 슬픔이 아닌 십자가에 매달린 이의 애통함입니다. (회심이 무르익은 후에야 비로소 깨닫게 되지만) 회심의 원천은 하느님께서 창조하신 '참된 나'입니다. 회심의 물은 죄가 우리를 매달아 놓은 그 십자가 위에서 눈을 뜨는 '참된 나'에게서 터져 나옵니다. 그리스도교에서 말하는 애통함의 핵심에는 바로 애통해하는 인간, 예수가 있습니다.

V

하느님과 용서 II

　한 사람이 다른 사람을 용서할 때 변화의 진원지는 '용서하는 사람'입니다. 이때 우리는 그의 마음이 누그러졌다고, 혹은 경직되었던 태도를 풀었다고 말합니다. 하지만 하느님께서 용서하실 때 변화가 일어나는 이는 용서받는 이입니다. 인간의 용서에서는 용서하는 쪽의 완고한 마음이 녹아내리지만 하느님의 용서에서는 용서받는 쪽의 완고한 마음이 녹아내립니다.

　하느님의 용서와 인간의 용서가 보여 주는 대조는 역설적으로 하느님께 용서받는 일과 "진심으로 형제를 용서하는 일"을 하나로 잇는 토대입니다. 하느님의 용서를 받는다는 것은 곧 그 사람의 완고한 마음이 풀린다는 뜻이며 그렇게 완고한 마음이 풀려야만 비로소 타인을 용서할 수 있기 때문입니다. 그러한 면에서 인간이 타인을 용서하게 만드는 마음의 변화는 하느님께서 우리를 용서하실 때 이미 시작되었다고 할 수 있습니다.

하느님의 용서와 인간의 용서 사이에 존재하는 이 차이를 간과한다면 우리는 '네가 하느님께 용서받았으니 너도 마땅히 너의 형제를 용서해야 한다'는 뻔한 훈계에 갇히고 말 것입니다.

게다가 인간의 차원만 보더라도 용서를 받는다는 건 자기 마음이 바뀌도록 스스로 빗장을 풀어야만 완성되는 일입니다. 비유에 나오는 매정한 종이 저지른 진짜 잘못은 동료를 용서하지 않은 데 있지 않습니다. 그의 근본적인 죄는 자신이 받은 용서의 가치를 전혀 깨닫지 못했다는 데 있습니다. 용서받았다는 것은 자유케 되었다는 뜻입니다. 그렇다면 우리는 무엇을 위한 자유인지 물어야 합니다. 적어도 타인 위에 군림하던 일을 이어가기 위한 자유는 아니겠지요.

인간의 용서는 감사하는 마음 없이도 받을 수 있습니다. 그저 빚 장부에서 골치 아픈 숫자가 지워졌다는 안도감만으로도 충분하니 말이지요. 하지만 하느님의 용서는 그 은총을 사무치게 깨닫지 않고서는, 감사하는 마음 없이는 결코 받을 수 없습니다. 그러한 깨달음, 감사하는 마음이야말로 용서의 실체이기 때문입니다. 용서의 알맹이는 마음의 변화입니다. 우리는 이 알맹이를 타인에게 건네든지, 아니면 삶에서 아예 없던 일로 만들든지 둘 중 하나를 선택해야 합니다. 새로운 용서의 공동체를 빚어내지 못한다면 하느님의 용서는 아예 받은 적이 없는 것입니다.

그리스도 안에서, 그리스도를 통해 참된 나를 발견한 사람은
어떤 문을 통과합니다. 그 문 저편에서는 모든 것이 뒤집힙니다.

VI

나의 체험, 그리고 바울

지금부터 한 사건에 대해 이야기해 보려 합니다. 이 사건은 이 책에서 다루는 주제의 핵심인 '역전의 원리'principle of inversion를 정립하게 된 계기가 되었지요. 언젠가 강의를 하고 있었을 때의 일입니다. 제가 보기에 강의는 순조롭게 진행되고 있었습니다. 그러던 어느 날, 친하게 지내던 한 친구가 "오늘 아침 수업은 어땠어?" 하고 물었습니다. 저는 "좋았어. 내가 진행한 수업 중에 최고야"라고 자신 있게 답했습니다. 그러자 그 친구는 찬물을 끼얹는 소리를 했습니다. 수업을 듣는 몇몇 학생들이 제가 무슨 이야기를 하는지 전혀 감을 잡지 못하겠다고, 너무 답답하다고 불평하는 소리를 엿들었다고 말이지요. 그 말을 듣고 저는 연구실에 돌아와 돌처럼 굳어버렸습니다. 한 시간 뒤 강의가 또 있었지만 도무지 마음을 다잡을 수 없었지요. 완전히 죽어버린 느낌이었으며 처참하게 망가졌다는 생각에 화가 치밀어 올랐습니다. 30분쯤 지났을까요. 문득 십자가가, 그리고 십자가에 대해 막 피어오르던 생각들이 희미하게 스쳐 지나갔습니다. 그리고 방금 겪은 일과 연결해 '지금 여기서 무슨 일이 일어나고 있는지' 물었습니다. 그때 문득 어떤 생각이 제 안에서 형태를 갖추기 시작했습니다(물론 제가 처음부터 '도대체 여기서 누가 가해자고 누가 피해자인가?'라는 질문을 던지지는 않았습니다. '누가 누구를 십자가에 못 박는가'라는 질문은 이 사건을 겪고 나서야 비로소 사유의 틀 안으로 들어오게 되었으니까요). 막연한 물음에 어떤 강렬한 깨달음이 일어났습니다. 친구가 전한 소식 때문에 십자가에 못 박힌 것만 같았지만 실상은 정반대였습니다. 저를 십자가에 못 박은 가해자는 바로 저의 '자아'였습니다. 고질적인 자아도취에 빠져있던 '나' 말이지요. 그리고 십자가에 못 박힌 희생자는 학생들, 좀 더 정확히 말하면 그들과 나 사이에 놓인 있는 그대로의 진실이었습니다.

이처럼 '자아도취'에 빠진 마음은 삶이 지닌 다채로운 색조와 명암을 짓밟아 버립니다. 모든 일이 잘 돌아가고 있다고 우기거나 그렇지 않으면 판을 엎어버리고 사표를 던지지요. 그 밑에서 삶은 숨을 쉬려고 헐떡거립니다. 어떤 학생은 제가 하는 말을 이해하지만 어떤 학생은 그렇지 못합니다. 자신은 이해했다고 생각하는데 실제로는 엉뚱하게 알아들었을 수도 있습니다. 이것이 날것 그대로의 삶입니다. 하지만 자아는 이런 다양하고 불완전한 모습을 견디지 못합니다. 그래서 자아가 (잘 드러나지는 않지만) 가장 먼저 파괴하는 대상은 다름 아닌 나 자신, 나의 몸, 그리고 다른 이들과 이루어지는 실제 소통입니다.

이런 생각이 들자 저는 다시 살아나기 시작했습니다. 학생들에 대한, 저 자신에 대한, 그리고 삶에 대한 새로운 감각이 깨어났습니다. 한 시간에 걸쳐 매우 중요한 발견을 한 셈이지요. 그제야 저는 "육체를 십자가에 못 박는다"(갈라 5:24)라는 바울의 고백을 이해하게 되었습니다. 육체는 곧 '자아'입니다. 하지만 앞에서도 말했듯 자아는 결코 십자가에 못 박히지 않습니다. 어떤 상황 가운데 진짜 십자가를 발견하기 전까지는 자신이 십자가에 못 박힌 피해자라고 착각하고 있을 뿐이지요. 하지만 겉모습, 즉각적인 반사 반응과 달리 자아는 십자가에 못 박는 가해자입니다. 그렇다면 저는 짓밟힌 부분, 곧 진실, 그리고 '참된 나'와 연대해야 합니다. 이러한 이동은 '자아'에게는 죽음을 의미하지만 자아의 횡포에서 풀려난 '나'에게는 생명을 의미하지요. 자아를 십자가에 못 박는다는 것은 자아에 맞서 싸운다는 뜻이 아닙니다. 자아의 욕망을 억지로 누른다는 뜻도 아닙니다. 자아가 남을 해치려고 만든 바로 그 십자가에 자기 자신, 내 자아를 매다는 것입니다. 그리하여 죽음을(적어도 자아에 관한 한 죽음을) 겪고, 십자가에 달린 자아 안에서 생명을 발견하는 것입니다. 자아라는 육체를 십자가에 못 박는 바울식 수련을 제대로 이해하고 나면 그리스도 예수 안에서, 그분을 통해서 맞이하는 인간의 새로운 상태에 대한 바울의 묘사 역시 이해할 수 있게 됩니다.

> 누구든지 그리스도 안에 있으면, 그는 새로운 피조물입니다. 옛것은 지나갔습니다. 보십시오, 새것이 되었습니다. (2고린 5:17)

그리스도 안에서, 그리스도를 통해 참된 나를 발견한 사람은 어떤 문을 통과합니다. 그 문 저편에서는 모든 것이 뒤집힙니다. 이 뒤집힘의 기초는 십자가에 못 박힌 자와 십자가에 못 박는 자에 대한 자아의 해석이 뒤집히는 것입니다. 그리고 그 상황 가운데 나는 '십자가에 못 박힌 자'가 바로 참된 나라라는 것을 깨닫게 됩니다. 이는 분명 자아에게 죽음을 의미합니다. 그러나 전체로서의 나라는 참된 존재에게 있어서는 새롭게 피어나는 것입니다. 성령께서 이끄시는 이 창조의 과정에서 일어나는 자아의 죽음을 그리스도교 전통에서는 고행이라고 불렀습니다. 요즘에는 이 단어를 듣기 어렵습니다. 자취를 감추기 전에도 사람들은 이를 그저 우울하고 음침한 자기 학대 정도로 받아들이곤 했지요. 곡을 엉터리로 연주해 놓고는 악기 탓을 하며 연주를 때려치우는 인류의 유서 깊은 방식을 따라 사람들은 이내 고행이라는 말을 내다 버렸습니다. 그사이 쾌활하고 선의로 가득 찬 사람은 바울이 말한 것은 기껏해야 '자기 수련' 정도라며 고행이라는 무거운 말 대신 '수련'이나 '절제'라는 말을 쓰자고 제안합니다. 하지만 바울이 말하고자 했던 바는 결코 그런 의미가 아닙니다. 그는 우리를 자아의 환상에서 해방시켜 날마다 우리의 삶을 넓혀 나가는 '십자가에 매달린 이의 신비'에 대해 말하려 했습니다. 이때 '고행'은 나의 감정을 할복시키는 것이 아니라 해방시키는 것입니다. 이제까지 무의식중에 삶의 목을 조르는 데 낭비하던 힘을, 삶을 자유롭게 하는 데 쓰도록 방향을 돌려놓는 일입니다.

이제 우리는 바울이 죄에서 해방된 새로운 삶을 이야기하는 구절들을 이해할 수 있습니다. 물론 끊임없이 변화무쌍한 우리 삶이 새로운 도전을 맞닥뜨릴 때마다 이 해방의 과정을 거쳐야 한다는 것은 분명합니다. 하지만 그렇다고 하더라도 그 해방이 일어날 때마다 구조상 그 자체가 하나의 명확한 끝이자 새로운 시작이 되는 결정적인 사건이라는 사실은 변하지 않습니다. 그리스도인의 삶은 죄가 은총에 조금씩 자리를 내어주며 밀려나는 과정, 죄와의 지루한 줄다리기가 아닙니다. 오히려 매 순간 새로운 상황에서 죄의 분명하고도 완전한 종말과 생명의 온전하고도 새로운 시작을 거듭 나에게 새기는 과정입니다. 물론 이를 긴 시간의 틀에서 보면 점진적인 과정처럼 보입니다. 하지만 그 속을 들여다보면 실제로 일어나는 일은 양자 도약quantum leap처럼 갑작스러운 변화입니다. 그리고 이러한 도약은 바로 육체의 죽음, 자아의 죽음을 통해 일어납니다. 이 과정의 심장부에는 자아가 매번 완전히 죽고 무력해지는 사건이 있습니다. 이런 일이 일어날 수 있는 이유는 '십자가에 못 박힌 자'가 믿는 마음의 본바탕으로 자신을 드러내기 때문입니다. 달리 말해 '십자가에 못 박힌 참된 나'가 현존하는 가운데 거짓된 자아가 그 참된 나에게 굴복하게 되는 것이지요.

바울의 이 심오한 설명을 두고 상식에 근거해 나쁜 습관과 싸우는 수행의 원리를 들이대기는 쉽습니다. 이런 식이지요. '바울이 말한 죄는 결국 나쁜 습관들이야. 회심한 사람이라면 당연히 그런 습관과 싸워야지. 새해 결심을 하듯 죄를 끊겠다고 선언하는 거야. 바울도 그런 이야기를 하는 걸 거야.' 하지만 이는 결코 바울이 전하고자 하는 바가 아닙니다. 세상의 상식에 기초해 바울을 이해하려 하면 우리는 아래의 선언을 외면하게 됩니다.

> 여러분도, 죄에 대해서는 죽은 사람이요, 하느님을 위해서는 그리스도 예수 안에서 살고 있는 사람이라는 것을 알아야 합니다. (로마 6:11)

바울이 고린토 교회의 신자들을 질책한 이유는 그들이 나쁜 습관과 싸우지 않아서가 아니었습니다. 그들이 그리스도께서 자기 안에서 활동하시도록 자리를 내어드리지 않았기 때문이고 자신들에게 무슨 일이 일어났는지, 자신들 안에 무엇이 있는지, 자신들이 어떤 존재가 될 잠재력을 품고 있는지 깨닫지 못했기 때문입니다. 우리도 마찬가지입니다.

죄를 '자기 숭배가 휘두르는 폭정'으로 이해할 때, 그리고

그 자기 숭배가 근본적으로 나 자신을 십자가에 못 박는 자
해 행위임을 그리스도 안에서 깨달을 때, 나아가 믿음의 눈
으로 십자가에 달리신 분을 바라보면 죄 문제가 비로소 해결
됨을 알 때 죄로부터의 해방은 죄의 용서에 뿌리를 내리게
됩니다. 하느님께서 베푸시는 이 궁극적인 용서를 통해 마음
이 누그러지는 이는 하느님이 아니라 용서받은 이입니다. 인
간관계에서는 보통 용서하는 사람이 마음을 풀지만 하느님
의 용서를 통해서는 온전히 용서받는 사람이 자유를 누립니
다. 우리는 나를 숭배하는 감옥에서 풀려났습니다. 하느님
께서 우리가 이를 그만두게 하시고 생명을 지향하도록 만드
십니다.

바울을 이해하는 두 가지 길이 있습니다. 하나는 전체를
아우르는 해석이며 다른 하나는 우리의 상식에 기초한 해석
입니다. 우리 상식에 기초해 해석할 경우 죄는 우리가 흔히
생각하는 '나쁜 짓'입니다. 이때 죄의 용서는 하느님께서 그
리스도와 맺으신 어떤 신비한 합의를 통해 이루어지게 됩니
다. 하지만 죄는 마치 낚시꾼이 미처 낚아채지 못하고 놓친
물고기처럼 우리 곁에 고질적인 악습으로 남아 있습니다. 그
리고 우리는 이들과 힘겨운 싸움을 벌여야 하지요. 상식에
기초한 관점에서 하느님의 용서와 여전히 계속되는 죄와의

싸움 사이에는 아무런 연결고리가 없습니다. 그 결과 하느님의 용서는 우리 안에서 죄를 끝장내지 못한 게 되어 버립니다. 기껏해야 이제부터라도 선하게 살아야 한다는 도덕적 결심을 부추길 뿐이지요.

반면 전체를 아우르는 해석에 따르면 하느님께서는 우리에게 박혀 있는 죄의 뿌리가 사실은 우리 자신을 십자가에 못 박는 자해 행위임을 그리스도 안에서, 그리스도를 통해 폭로하십니다. 그리하여 우리가 삶의 자리에서 십자가를 발견하고, 십자가에 달린 나와 하나 되어 '자아'를 죽게 할 때마다 그분의 용서를 단순한 면죄가 아닌 '자아로부터의 해방'으로 매번 새롭게 경험하게 하십니다. 이러한 관점에서 용서는 곧 해방이며 이 해방이야말로 지속적으로 분투할 수 있게 해 주는 동력입니다. 그러한 면에서 그리스도인의 삶은 그리스도 안에서, 그리스도를 통해 하느님께서 인류에게 베푸신 용서가 나의 삶이라는 현장에서 끊임없이 이어지게 하는 과정입니다.

부록과 후기

그리스도인의 자기 발견에 관하여[1]

버나드 로너간의 사상은 인간이라는 주체가 지닌 가장 중요한 사실 하나에 주목합니다. 인간이라는 이 복잡하고 흥미로운 존재와 관련한 수많은 사실이 계속해서 늘고 있지만 그 중에서도 가장 중요한 사실은 인간이 자기 초월을 하는 존재라는 점입니다. 로너간의 모든 저술은 어떤 방식으로든 독자가 이를 스스로 깨닫도록 이끌어 줍니다. 자기 초월은 머리로 이해하는 이론이 아니라 체험하고 발견해야 하는 진실입니다. 그렇지 않으면 제대로 이해한 것이 아닙니다. 그리고

---

1 이 글은 1976년 미국 보스턴 칼리지에서 열린 로너간 워크숍에서 발표한 논문을 실은 것입니다.

우리는 이 발견의 과정으로 질질 끌려들어 갑니다. 저항하고, 발버둥 치고, 비명을 지르면서 말이지요. 이 깨달음을 얻으려 내면으로 들어가기 위해서는 우리가 자아를 보호하기 위해 겹겹이 쌓아 올린 온갖 방어 체계들을 뚫고 지나가야 합니다(그러한 면에서 아우구스티누스가 말한 고백confession은 이 여정을 가장 적절하게 묘사한 말일 것입니다). 이 방어 체계들은 저마다 현란한 기교를 부리며 우리의 주의를 딴 데로 돌리고 진짜 주인이 자리를 차지하려 한다며 불평을 늘어놓습니다. 이 싸움은 이냐시오가 이야기한 영신수련의 여정과 비슷합니다. 그 여정 역시 삶의 도전을 어떻게든 막아내려 우리가 구축한 삶의 방식이 '내 방식대로 사는 삶이 아닌 다른 삶은 불가능해'라고 아우성치는 가운데 은총에 힘입어 뼈아플 정도로 자신을 정직하게 평가하는 자리로 나아가기 때문이지요. 두 여정의 끝에서, 좀 더 정확히 말하면 하나의 여정이 지닌 두 가지 양상의 끝에서 비로소 '나'라고 확인할 수 있는 실체가 드러납니다. '내가 존재한다'는 사실을 의심할 수 없듯이 '나'의 정체 또한 너무나 자명해 의심할 여지가 없습니다. 그렇게 드러난 '나'는 바로 사랑하는 존재입니다. 그는 본래 너그럽고 타자에게서 평화를 발견하며 좁은 방어벽이 아닌 무한한 우주를 호흡하고 끊임없이 자신을 넘어섭니다.

이러한 면에서 자기 초월은 인간이라는 어떤 생물체에게 갖다 붙이는 부록 같은 속성이 아닙니다. 이는 내가 나 자신에 대해 부딪히는 가운데 알게 되는 진실입니다. 내가 나 자신을 발견하는 그만큼 자기 초월도 발견됩니다. 나를 발견한다는 건 곧 그 안에 깃든 자기 초월성을 발견한다는 뜻이기 때문입니다. '인간은 자기를 초월하는 존재다'라는 건조한 명제는 먼저 '인간'을 머릿속에 그린 다음 거기에 '자기 초월'을 슬쩍 얹어놓게 만듭니다. 하지만 지금 이야기하는 자기 발견은 이와 다르게 작동합니다. 이 발견 과정에서 '자기 초월'은 외부에서 덧붙여지는 게 아닙니다. '자기 초월'은 새롭게 받아들인 나, '참된 나'에게서 싹터 나옵니다. 자기 발견이 이루어진 순간부터 자기 초월을 빼놓고는 나 자신을 이해하거나 말할 수 없게 됩니다. 이 발견의 핵심은 '나'라는 존재의 가장 내밀한 속살, 곧 나다움의 뼈대가 바로 자기 초월이라는 것입니다. '그래, 이게 바로 나야!'라는 깨달음이 터지면 우리는 마치 오랜 방황 끝에 고향에 돌아온 듯한 엄청난 안도감과 친숙함을 느낍니다. 이 편안함의 정체는 결국 '사랑'입니다. '나는 존재한다'는 말은 '나는 사랑한다'와 같습니다. 아니, '나는 사랑한다'는 말이야말로 '나는 존재한다'고 말할 수 있게 해 주는 유일한 길입니다.

그러나 단순히 내면으로 파고든다고 해서 이러한 발견이 이루어지지는 않습니다. 물론 아빌라의 테레사Teresa of Ávila 는 종종 '자기 내면으로 들어가는 것'에 대해 이야기했습니다. 하지만 이는 그녀가 관상 기도 중에 겪은 일을 설명하기 위해 쓴 약칭일 뿐입니다. 거대하고 신비로운 모험을 온몸으로 겪어내며 눈을 뜬 '나'만이 자신의 가장 깊은 비밀이 '사랑하는 자'임을 드러낼 수 있습니다. 참된 나의 발견을 가로막는 장애물은 많고 강력하며 뒤틀려 있고 고약합니다. 이 장애물들은 우리가 타인과 맺는 관계, 그리고 하느님과 맺는 관계 한복판에서 일어나는 불가사의한 관대함을 통해서만 제거될 수 있습니다. 이때 하느님께서는 우리가 당신의 말씀을 듣도록 은총을 받아들일 때까지 우리 자신, 그리고 타인과 맺으려는 '자아의 계획'을 계속해서 헝클어뜨리십니다.

이제부터는 우리가 맺는 관계 중 가장 강렬하고 중요한 국면들을 하나하나 짚어 보려 합니다. 우선 서로 상처를 주고받으며 용서하고 화해하는 관계의 상황을 다룰 것입니다. 그리고 마지막으로는 가장 사랑 많고 인내심 많은 친구의 손길조차 닿지 않는 깊은 곳에서 '나'를 갉아먹는, 오직 무한한 사랑만이 녹여낼 수 있는 인간의 근원적인 죄책감에 대해 이야기해 보도록 하겠습니다.

이 상황들을 정확하고 진실하게 평가할 때 우리는 인간 주체가 진실로 '사랑하는 자'임을 깨달을 수 있을 것입니다. 상처와 죄책감으로 얼룩진, 이 지극히 인간적인 아수라장에서 마침내 눈을 뜨고 희미하게 미소 짓는 그 상처투성이의 존재를 보십시오. 그는 괴물이 아닙니다. 그는 자기 자신의 모순과 두려움에 꽁꽁 묶여 옴짝달싹 못 하고 있을 뿐 본질상 사랑을 갈망하는 연인입니다. 그를 찾아 나선 하느님의 노련한 사랑은 그 엉킨 실타래 속에서 '사랑할 수 있는 존재'를 찾아냅니다. 그것이 바로 그 사람의 진짜 모습이기 때문입니다. 그 사람 안에 사랑이 꿈틀거리고 있음을 믿지 않는 용서는 가짜입니다. 그런 용서는 그를 더 비참하게 만들 뿐입니다.

제가 이 주제에 이끌린 것은 지난 학기 강의 경험 덕분입니다. '신학 필수 과목'이라는 족쇄를 차고 제 수업에 들어온 1, 2학년 학생들에게 신학을 가르치면서 인간과 인간 사이에 일어나는 용서가 지닌 구조를 광범위하게 이야기했습니다. 학생들은 흥미를 보였고 학기 말에는 유의미한 글들이 쏟아져 나왔지요. 수업을 통해 저는 두 가지 결론을 얻었습니다. 첫째는 용서, 용서와 관련된 모든 것, 그리고 용서를 필요로 하는 모든 것이야말로 하느님께서 가장 관심 있어 하시는 주제라는 것입니다. 둘째, 하느님께서 가장 관심을 기울이시는 바에 인간도 가장 커다란 관심을 기울인다는 것입니다. 첫 번째 결론은 수십 년에 걸쳐 끈기 있게 복음을 탐구한 끝에 얻은 결과입니다. 두 번째 결론은 너무나 뻔한 소리 같지만, 이를 실제 삶과 교육에 적용하는 데는 용기가 필요했고 지금도 필요합니다. 이 주제는 다섯 부분으로 나누어 다루어 보도록 하겠습니다.

1. **용서의 상황.** 먼저 인간이 경험하는 용서의 상황에 대해 살펴봅니다. 우리가 타인에게 상처를 입히는 행위의 뿌리는 '자기혐오'이며 우리 안에 있는 '사랑하는 자'를 억압하는 일입니다. 그러므로 용서는 오직 자기 수용 안에서, 그리고 자기 수용을 통해서만 가능합니다. 그리고 그렇게 가능하게 된 용서는 역으로 새롭게 자기 수용을 북돋는 힘이 됩니다.

2. **용서받은 주체.** 인간이 서로에게 베푸는 용서의 상황에 대해 살피고 나서는 용서받은 당사자에게 주목해 보도록 하겠습니다. 용서받는 사람은 자신의 잘못을 어떻게 대할까요? 그가 용서를 받아들이고 사랑하는 자로 거듭나려면 반드시 자기 잘못을 매우 정확하게, 자발적으로, 온전하게 인정해야 합니다. 이 일이 가능하려면 자신이 받아들여지리

라는 엄청난 확신이 있어야 합니다. 예수께서는 사람들 사이에서 작동하는 이 용서의 구조를 영혼의 구조 자체로, 그리고 영혼의 궁극적인 치유와 관련이 있다고 이해하셨습니다. 따라서 여기서는 예수께서 죄인을 대하신 방식을 복음이 어떻게 설명하는지 살필 것입니다.

3. **하느님과의 적대와 화해.** 저는 '하느님과의 적대'라는 생각이 복음이 이야기하는 죄에 기초를 제공하고 이를 더 풍성하게 만든다는 사실을 깨달았습니다. 이는 바울이 평생토록 씨름했던 바이기도 했습니다. 마찬가지로 그의 '화해' 개념은 복음이 제시하는 용서에 기초를 제공하고 이를 더 풍성하게 만듭니다. 바울의 사유는 우리가 받아들여진다는 진실에 담긴 온전한 의미를 드러냅니다. 이는 적대감으로부터의 해방이자 사랑하는 자의 해방입니다.

4. **원초적 죄책감.** 여기서는 가장 심오한 질문을 던집니다. 우리가 받아들여졌다는 믿음을 갖지 못하도록 가로막는 것은 도대체 무엇일까요? 이 질문은 도덕의 차원을 넘어서 선행하는 어떤 근원적인 죄책감으로 우리를 인도합니다. 여기서는 예수와 죄인이 온전하고도 마지막으로 대면하는 사건, 즉 십자가와 부활을 살펴보도록 하겠습니다.

5. **죄책감과 죄.** 마지막으로 복음을 통해 해방되는 우리의

원초적 죄책감과 우리가 마땅히 부끄러워해야 할 개별 적인 죄들 사이의 상관관계를 밝힙니다.

용서의 상황

자, 여기 메리와 존이라는 연인이 있다고 가정해 봅시다. 존을 깊이 사랑하는 메리가 존이 저지른 잘못을 용서할 때 과연 무슨 일이 벌어지는 걸까요? 이 사건에서 메리와 존 두 사람의 내면에는 어떤 작용이 일어날까요? 메리의 입장에서 보면, 그녀는 여전히 그를 사랑하고 있으며 말보다는 연인들 사이에서만 통하는 무언의 언어로 그 사랑을 전합니다. 존의 입장에서 보면, 그는 메리의 말과 몸짓을 통해 메리가 여전히 자신을 사랑하고 있다는 이야기를 듣습니다. 자신이 여전히 사랑받을 만하고 가치 있는 존재라는 사실을 확인합니다. 하지만 동시에 그는 자신이 가치 있는 존재가 아니라 누군가에게 나쁜 일을 한 가해자라고 느낍니다. 바로 여기서 메리의 사랑은 존의 내면에 모순을 일으킵니다. '나는 괜찮은 사람이다'라는 인식과 '나는 나쁜 놈이야'라는 인식이 정면으로 충돌하는 것이지요. 이 모순을 해결하는 유일한 길은 존이 메리에게 상처를 입힌 일이 실은 자기 자신을 상처 입힌 일임을 깨닫는 것입니다. 이럴 때만 모순은 풀립니다. 존의 나쁨은 자기 안의 '선함'을 스스로 공격하고 짓누른 결과이기 때문입니다. 나의 '나쁨'이 나의 '선함'을 억누르는 것이라면 나는 선하면서도 악할 수 있습니다. 메리의 사랑이 가리키는 진실은 존이 스스로 '나쁘다'고 느끼는 부분이 그가 자신의 선함을 억눌렀기 때문에 생겼다는 점입니다. 그가 구제 불능이기 때문이 아니라는 것이지요.

여기서 우리는 참된 용서의 핵심으로 나아갑니다. 참된 용서는 우리가 흔히 생각하는 용서와 정반대의 사건입니다. 보통 용서를 받는다고 하면 '나는 나쁜 놈이지만 당신은 그런 나를 용서해 주는구나. 나는 형편없지만 너는 선하기에 나를 봐주는구나'라고 생각합니다. 하지만 참된 용서는 다릅니다. 메리의 용서는 존이 그녀에게 모질게 구느라 찌그러지고 상처 입은 존의 선함을 다시 일깨우는 일입니다. 참된 용서는 가해자가 상대를 공격하느라 스스로 억눌러 버렸던 그 내면의 선함을 피해자의 사랑이 행동으로 나서서 흔들어 깨우는 사건입니다.

내가 누군가에게 상처를 입혔을 때 이 사실을 감당하는 가장 쉽고 자연스러운 방식은 그런 자신을 형편없고 무가치한 인간으로 취급해 버리는 것입니다. 우리의 자존심은 기묘하게도 그런 상태에 머물기를 선호합니다. 그래서 상처를 준 사람은 흔히 이렇게 말합니다. "그래. 난 원래 이기적인 놈이야. 나 같은 인간에게 뭘 더 바랄 수 있겠어?" 이 말은 얼핏 자신의 잘못을 인정하고 겸손히 비난을 달게 받는 말처럼 들립니다. 하지만 실상은 나를 용서하는 사랑이 자기에게 닿지 못하게 막으려는 시도의 산물일 뿐입니다. 자신이 나쁜 놈이라고 생각해야만 버틸 수 있는 이 상황에서 자신이 실제로는 선한 존재라는 말을 듣고 싶지 않은 것이지요. 그는 자신을 스스로 위축시킴으로써 타인에게 상처를 입혔다는 그 온전한 진실을 마주하지 않으려 합니다. 남에게 상처를 주면, 내 안의 '참된 나', 곧 '사랑하는 자'는 어둠 속으로 자취를 감추게 됩니다. 그러면 '나'는 그 '참된 나'가 계속 드러나지 않도록 온갖 핑계를 다 갖다 댑니다. 심지어 비굴하게 고개 숙이는 사과조차 참된 나를 숨기기 위한 책략이 될 수 있지요.

그러므로 용서를 온전히 받기 위해서는 우선 자신이 '가해자라는 인식'과 '참된 나를 저버린 사람이라는 인식' 사이의 날카로운 대조를 깨달아야 합니다. 그러고 난 다음 첫 번째 자기 규정(가해자)에서 벗어나 두 번째 자기 규정(진정한 나를 저버린 자)으로 나아가라는 초대를 받아들여야 합니다. 무엇보다 이 체험의 핵심은 이 놀라운 변화를 가능케 하는 사랑(메리의 사랑)을 사무치게 느끼는 데 있습니다. 여기서 메리의 사랑은 필수적입니다. 존이 메리를 안중에 두지도 않은 채 스스로 "이 일은 내가 가진 잠재력을 다 발휘하지 못한 것일 뿐이야"라고 말한다면 그는 정말 구제 불능의 자기애에 빠진 상태라 할 수 있습니다.

참된 용서는 그저 "가해자의 죄를 봐주는 일"이 아닙니다. 참된 용서는 상대가 가해자로 전락하면서 스스로 거부하게 된 '참된 나'를 흔들어 깨우는 일입니다. 그리고 가해자가 '자기 자신을 잊고 사랑할 줄 아는 연인'으로서의 존엄을 회복하게 하는 일입니다. 즉, 용서는 나를 회복하는 일입니다. 용서 안에서, 나의 참된 의미는 가장 투명하고 찬란하게 빛을 발합니다.

용서받은 주체

이제 시선을 용서받는 이에게 돌려 볼까요? 여기서 우리는 일종의 교착 상태와 마주하게 됩니다. 한편으로는 자신이 얼마나 나쁜 짓을 했는지에 대한 강박, 즉 죄책감이 그가 용서를 받아들이지 못하도록 가로막고 있습니다. 하지만 다른 한편으로는 사람이 자신의 잘못을 온전히 고백할 수 있는 건 오직 자신이 용서받으리라는 확신이 있을 때뿐입니다. 즉, 용서받으려면 고백해야 하는데 이미 자신이 받아들여졌다는 확신 없이는 고백할 수 없는 모순에 빠지는 것이지요. 나를 있는 그대로 받아 준다는 믿음을 주지 않는 이에게 자신이 잘못했다고, 커다란 실수를 저질렀다고 털어놓을 수는 없습니다. 자신이 틀렸음을 인정하지 못하는 사람은 극도로 불안한 사람입니다. 그는 자신이 받아들여지지 않았다고 느낍니다. 그래서 죄책감을 무의식으로 억누르고 자신이 지나온 흔적을 감추기에 급급하지요. 여기서 역설이 발생합니다. 자신의 잘못을 고백하는 사람은 자기 인식이 건강한 사람입니다. 반면 잘못을 억누르고 숨기는 사람은 자기 인식이 병든 사람입니다.

예수께서는 사람 사이에 일어나는 이 단순한 진실이 영혼의 구조 자체를 드러낸다는 점을 꿰뚫어 보셨습니다. 이 세상 누구보다 깊이 있고 명쾌하게 파악하셨지요. 그분은 죄책감과 '아무도 나를 받아 주지 않는다'는 소외감이 결합할 때 가장 깊은 불안이 생긴다는 사실을 아셨습니다. 그래서 먼저 사람들이 '하느님께서 나를 받아 주셨다'는 진실에 눈뜨게 하셨습니다. 그리하여 그 받아들여짐이 주는 평온한 확신 가운데 자신의 죄를 고백할 수 있는 길을 터 주셨습니다. 여기서 한 걸음 더 나아가 사람들을 고백의 자리로 이끄심으로써 그 고백이 하느님께서 자신을 받아 주신다는 진실을 신뢰하는 행위가 되게 하셨습니다. 이런 방식으로 예수께서는 역사상 가장 위대한 영적 혁명을 일으키셨습니다. 그전까지 종교를 의지하던 인간은 죄책감을 해결하기 위해 별의별 일을 다해 보았습니다. 그러나 죄책감을 온전히 인정하는 일만큼은 하지 못했지요. 예수께서는 바로 그 일을 가능하게 하셨습니다. 존재의 밑바닥에서부터 자신이 받아들여졌다는 진실을 체감하게 하심으로써 말이지요. 그분은 이전에는 알지 못했던 차원의 수용과 고백을 통해 인간이 이리저리 위치만 옮기며 짊어지고 다니던 죄책감이라는 짐을 단번에, 그리고 결정적으로 걷어내셨습니다. 우리끼리 용서할 때 경험하는, 받아들여졌기에 고백하는 구조를 인간과 창조주 사이에서 구현하셨습니다(하지만 여기서는 아직 이 '수용과 고백의 구조'를 우리 존재의 가장 깊은 심연까지 끌어내리지 못했습니다. 이는 뒤이어 '근원적인 죄책감'을 다룰 때까지 잠시 미루어 두겠습니다).

복음이 말하는 죄와 용서에는 이러한 논리가 담겨 있습니다. 예수께서 사람들에게 일깨운 죄의식은 종교 역사상 완전히 새로운 일입니다. 그분은 남편이 아내에게, 친구가 친구에게 "미안해"라고 말할 때처럼 인간이 자신을 온전히 받아들여 줄 것을 확신하는 상태에서 "하느님, 제가 죄를 지었습니다"라고 말할 수 있게 하셨습니다. 그러한 측면에서 복음이 말하는 죄의 고백은 인간이 할 수 있는 가장 관대하고도 가장 안전하며 가장 큰 모험을 감내하는 표현입니다. 이 모험은 자신이 받아들여질 만한 존재이며 이미 받아들여졌다는 확신이 있을 때만 감행할 수 있습니다. 동시에 이 고백은 그러한 확신이 도달한 완전한 표현이자 마지막 표현입니다. 인간은 자기를 사랑하는 사람 앞에서만 자신의 최악까지 보일 수 있습니다. 도무지 믿기지 않아 어리둥절해하는 세상을 향해 예수께서는 하느님이 우리에게 죄의 고백을 요구하시는 진짜 이유를 보여 주셨습니다. 죄의 고백을 통해 하느님께서는 인간의 가장 깊은 곳에서 사랑하는 자로 드러나십니다. 하느님께서 나를 받아 주신다는 맥락에서 이루어지는 죄의 고백은 인간 영혼이 머금고 있는 가장 깊은 힘을 해방시킵니다. 이것이 복음이 일으키는 혁명의 본질입니다.

복음이 펼쳐지는 극에서 가장 중요한 인물을 꼽자면 주일학교 시절부터 귀에 못이 박히도록 들은 세리와 죄인들일 것입니다. 이들이 중요한 이유는 영혼을 불구로 만드는 병적인 죄책감이 무엇인지 가장 분명하게 보여 주기 때문입니다. 그들은 사회로부터 악하다고 낙인찍힌 존재들입니다. 죄책감이 그들의 정체성을 갉아먹었고 자기 자신에게도, 타인에게도 받아들여질 수 없는 존재가 되어버렸습니다. 예수께서는 그들에게 받아들여짐에 대한 감각을 일깨우셨습니다. 그리하여 그들이 받아들여졌다는 확신 가운데 자신의 죄를 인정할 수 있게 하셨습니다. 예수께서는 "세상은 네가 잘못했다고 하지만 내가 보기에 너는 잘못이 없다"라고 말씀하지 않으셨습니다. 그분은 매춘이나 세리들의 착취가 파괴적인 삶의 방식임을 아셨습니다. 그래서 그분은 말씀하셨습니다.

> 너는 네 잘못을 인정할 수 있다. 그 인정을 통해 하느님께서 너를 받아 주신다는 진실을 온몸으로 맞이하는 자리로 나아갈 수 있다.

마태오복음서에서는 이렇게 말씀하셨습니다.

> '간음하지 말아라' 하고 이른 것을, 너희가 들었다. 그러나 나는 너희에게 말한다. 여자를 보고 음욕을 품는 사람은, 누구나 이미 마음으로 그 여자와 간음한 것이다. (마태 5:27~28)

이 말씀을 하신 의도는 분명합니다. 실제로 간음까지는 가지 않고 멈춘 이른바 '착한 사람들'을 포함해 우리 모두의 내면에는 죄가 도사리고 있음을 깨닫게 하려는 것이지요. 그렇게 그분은 모두가 죄를 고백하고 하느님께 받아들여지는 자리로 나오게 하셨습니다. 이는 '착한 사람들'을 죄인의 지위로 승격시키고, 나아가 불충실한 연인의 지위로 다시 한번 승격시킨 것이라 할 수 있습니다. 이러한 변화를 두고 한 시인은 노래했습니다.

> 그리스도께서는 오셔서 모든 논리를 깨뜨리셨네.
> 그 파격 앞에 다른 모든 놀라운 일들은
> 어린아이 장난처럼 보일 뿐.
> 그 파격이란 산상수훈을 어긴 죄에
> 자비를 베푸시는 것이었다네.
> 그분 오시기 전에는 아무도 생각지 못했던 기이한 일,
> 그 일은 참으로 아름다웠고 그 근원은 사랑이었네.

이어지는 연에서 시인은 산상수훈을 어긴 죄에 베푸는 자비라는 기이한 표현을 이렇게 풀어냅니다.

> 산상수훈, 바울이 한결같이 붙든 주제라네.
> 우리 모두가 실패하도록 꾸며낸 함정일세.
> 그래야 우리 모두가 자비의 보좌 앞에

엎드려 자비를 구할 테니.

여기서 꼭 짚고 넘어가야 할 점이 있습니다. 예수께서는 하느님께서 우리를 받아 주신다는 안전한 맥락 안에서만 죄의 뿌리를 들추어내셨습니다. 이 받아 주심의 맥락 없이 죄의 뿌리만 적나라하게 들추어내면 그 진실은 인간을 파멸로 몰아넣습니다. 복음이 (프랑수아 모리아크François Mauriac가 소설 『바리사이 여인』La Pharisienne에서 말한) "새로운 언약의 탈을 쓴 복수의 여신들"로 돌변하게 되는 것이지요.

다시 복음이 말하는 용서의 기본 논리로 돌아가 봅시다. 앞서 말했듯 이 논리는 역설입니다. 이 역설은 다음과 같이 표현할 수 있습니다.

잘못을 인정하는 것 = 건강한 자기 인식
잘못을 억압하는 것 = 병든 자기 인식

안타깝게도 그리스도교 전통은 이 역설을 망가뜨렸습니다. 우리의 스승들이 죄에 대해 가르치는 방식 때문에 등호의 위치가 잘못 연결되어 버렸지요.

잘못을 인정하는 것 = 병든 자기 인식

잘못을 억누르는 것 = 건강한 자기 인식

그 결과 잘못을 인정하는 행위는 곧 "나는 비참한 죄인, 형편 없는 인간이다"라는 자기 비하로 이어집니다. 반대로 스승 들이 긍정적인 자기 인식이라고 인정하고 칭찬해 준 것은 실 은 자신의 잘못을 억누름으로써 얻어낸 거만한 자기만족일 뿐이었습니다. 본래 나란히 이어져야 할 등호들이 엇갈려 최 악의 오해를 낳고 만 것이지요.

이 오류를 바로잡기 위해서는 엄청난 수고를 들여야 합니 다. 수 세기에 걸쳐 그리스도교가 우리 머릿속에 주입해 온 고정관념에서 벗어나 복음을 새롭게 읽어야 합니다. 누군가 이렇게 물을지도 모르겠습니다. "복음은 하느님께서 당신을 용서하실 것이지만 그러기 위해서는 먼저 죄를 고백해야 한 다고 말하지 않나요?" 맞습니다. 그러나 그 말의 참뜻은 이 러합니다.

당신의 죄를 고백하십시오. 그래야 하느님께서 당신의 마 음에 연인이자 친구로서 당신을 드러내실 수 있습니다. 그 래야 당신의 심장이 다시 뛰고 당신 안에 있는 사랑하는 자가 다시 태어날 수 있습니다.

저는 죄의 인정과 용서야말로 신약성서의 핵심이라는 진실을 깨닫는 데 30년이 걸렸습니다. 수 세기에 걸친 오해 때문에 이 진리를 본래 모습대로 되찾기란 매우 어려워졌지요. 작업은 매우 섬세하게 이루어져야 합니다. 이 진리를 회복하려면 '선의를 가진 사람들'의 손에서 이를 되찾아 와야 하기 때문입니다. 그들은 부정적인 죄책감을 부추기는 설교에 진저리가 난 나머지 (선한 의도로) 복음의 본질을 엉뚱한 곳으로 치워 버리고 말았습니다. 예수의 신비로운 권능을 다시 느끼려면 우리는 이 복잡하게 꼬인 오류를 반드시 바로잡아야 합니다. 그 권능이란 우리를 처벌받아야 할 죄인에서 사랑에 실패해 가슴 아파하는 불충실한 연인이라는 존엄한 지위로 끌어올리는 능력이기 때문입니다.

하느님을 적대하는 마음과 화해

우리는 이미 하느님에 대해 꽤 많은 이야기를 나누었습니다. 존과 메리의 이야기를 하며 논의를 펼쳤고 하느님께서 죄인을 용서하시는 것을 메리가 존을 용서하는 상황에 빗대어 설명하기도 했지요. 그리고 두 번째 절에서는 고백이 상대가 받아 줌에 의존한다는 원리가 인간관계뿐만 아니라 하느님과의 관계에서도 똑같이 작동한다고 이야기했습니다. 하지만 이제는 하느님께서 메리는 물론 그 어떤 인간과도 같지 않다는 사실을 정직하게 직시해야 합니다. 이유는 단순합니다. 우리는 다른 사람을 체험하듯이 하느님을 체험할 수 없기 때문입니다. 우리는 하느님을 볼 수 없고, 만질 수 없으며, 그분의 음성을 들을 수도 없습니다. 예수께서 말씀하셨듯 하느님께서는 (우리가 이야기한 메리처럼) 우리를 받아 주신다고 말할 수는 있겠지요. 하지만 하느님께서 그렇게 활동하신다는 것을 도대체 어떻게 체험할 수 있을까요?

바로 여기에 난관이 있습니다. 우선 문제를 회피하지 말고 직시합시다. 그렇지 않으면 하느님의 사랑이 지닌 저 깊은 신비의 차원을 결코 맛보지 못할 것입니다. 하느님께서 돌아온 탕자의 아버지처럼 활동하신다고 말하는 것과 하느님의 그러한 활동을 실제로 생생하게 체험하게 하는 것은 커다란 차이가 있습니다. 그리고 이 차이를 깨달아야 진짜 문제가 선명히 드러나지요. 언젠가 종교 수업을 했을 때 눈치 빠른 아이가 이런 이야기를 한 적이 있습니다. "하느님이 아버지라는 의미를 안다고 해서 하느님이 진짜 계시는지, 혹은 진짜 아버지이신지 알 수는 없잖아요?" 아이도 진짜 문제의 핵심을 알고 있었습니다. 하느님을 존이 경험한 '용서하는 메리'에 빗대어 설명할 수 있지만 그러한 설명이 하느님을 '사랑하시고 해방하시는 분'으로 체험할 수 있게 해 주지는 않습니다. 앞서 말했듯 하느님은 보이지 않고 만질 수도, 들을 수도, 입 맞출 수도 없다는 점에서 메리와는 전혀 다른 존재입니다. 하느님과 인간이 다르다는 근본적인 차이는 그 자체로 신뢰보다는 불신의 근거가 되기 마련입니다. 우리는 이미 자기를 받아들이지 못하는 쪽으로 심하게 기울어져 있습니다. 그만큼 우리는 눈에 보이고 손에 잡히는 지지를 필요로 합니다. 그런데 눈에 보이지 않고 만질 수 없는 하느님에게서는 바로 그 확실한 지지를 얻을 수 없지요. 따라서 하느님의 부재, 좀 더 정확히는 부재처럼 보이는 현상은 확신을 갈구하는 영혼의 가장 깊은 자리, 친구들의 선의조차 무용지물이 되곤 하는 그 밑바닥에서 인간이 하느님을 의심하게 만듭니다. 이처럼 실존의 차원에서 하느님을 근본적으로 불신하는 태도는 (겉으로 드러나지는 않지만) 모든 역사적 종교의 기저에 깔려 있습니다. 잠시 이에 대해 살펴볼까요. 여기서 역사적 종교란 단순히 하느님에 대한 지적 탐구가 아니라 하느님과 실존적으로 씨름하는 것을 뜻합니다. 여기에는 두 가지 요소가 있습니다. 하나는 (당연히) 인간의 자기 초월입니다. 인간의 정신이 전체The All를 갈망하는 것이지요. 그리고 또 하나의 요소는 첫 번째 요소와 대비를 이루며 오히려 자기 초월이 일어나지 않도록 적극적으로 가로막습니다. 달리 말하면 '사랑하는 자'인 인간이 하느님을 '만물의 근원이신 사랑의 힘'으로 알아보지 못하게 방해합니다. 이 요소는 우리 존재에 대한 경탄이 아니라 극심한 불행, 즉 자신이 무가치하다는 느낌과 보잘것없다는 인식으로 이루어집니다. 이때 하느님은 스스로 실패할 수밖에 없다고 믿는 이 비참한 피조물인 인간과 대비를 이루는 존재로 그려집니다. 이는 구약성서의 중요한 주제 중 하나이기도 합니다. 하느님의 권능과 영광, 거룩함, 숭고함이 벌레와 같은 인간에 맞서는 것이지요.

당연히 무한자와 유한자 사이에는 차이가 있습니다. 하지만 역사적 종교의 구도에서는 인간이 자신의 무가치함을 인식하는 것이 그 차이를 부추기고 동력을 제공합니다. 이때 위대하신 하느님은 곧 우리를 아무것도 아닌 존재로 여기는 하느님이 되어 버립니다. 극한에 이르면 하느님, 신이라는 말 자체가 곧 우리의 무가치함을 가리키는 또 다른 이름이 되어 버리지요. 우리를 받아 주지 않는 저 궁극의 실재는 우리가 받아들여질 만한 존재가 아니라는 우리의 의구심을 확증해 줍니다. 이 무가치함의 감각이 만들어 낸 하느님은 자기 초월의 감각이 만나는 하느님과 정반대의 존재입니다. 우리가 전자를 허용하고 내버려 둔다면 그 하느님은 후자의 하느님을 완전히 지워 버리려 할 것입니다. 물론 대놓고 그렇게 하지는 않습니다. 하지만 수많은 이교 관습에 보이는 야만, 잔혹함, 자기 파괴의 모습이 보이는 행태를 생각해 보십시오. 융이 쓴 『욥에 대한 답변』Answer to Job에 나오는 하느님의 모습을 보십시오. 예수께서 말씀하시는 하느님은 오직 자기 초월의 감각을 통해서만 경험할 수 있는 분입니다. 무가치함의 감각을 통해서는 경험할 수 없습니다. 이 하느님은 전대미문의 하느님입니다. 예수 이전에는 내가 무가치하다는 느낌에서 완전히 자유로운 인간이 단 한 번도 없었기 때문입니다. 예수께서 이 불가능에 가까운 이야기를 어떻게 전하셨는지는 나중에 살펴보겠습니다. 여기서는 그 이야기를 전달받았을 때 바울이 외친 고백을 듣는 것으로 충분합니다.

여러분, 부디 우리가 하느님을 사랑했다고 생각하지 맙시다. 오히려 우리는 그분을 미워했습니다. 있는 그대로 말해 봅시다. 거듭나고 나서야 우리가 무가치하다는 느낌을 가지고 얼마나 깊은 원한을 품고 하느님에게 분풀이를 해댔는지 보입니다. 물론 겉으로는 언제나 예의범절을 지키면서 말이지요. 하지만 마침내 우리는 그분과 화해했습니다. 그렇습니다. 화해는 우리가 하느님께 하는 것이지 하느님께서 우리에게 하시는 것이 아닙니다. 그분은 언제나 우리를 사랑하시기 때문입니다.

이 이야기의 결말에서 사랑하는 자인 인간은 완전한 정당성을 얻고 의롭다고 인정받으며 무죄 선고를 받습니다. 이것이 바로 하느님의 사랑입니다. '죄인인 인간'이라는 수천 년 묵은 단단한 고치를 깨고 '사랑하는 자인 인간'이 나비처럼 부화하는 부활의 사건입니다. 이어서 이 이야기의 절정에서 예수께서는 어떻게 스스로 '죄인인 인간'이 되셨는지 살펴보도록 하겠습니다.

원초적 죄책감

내가 감히
우주를 뒤흔들어도 되는가?
– T. S. 엘리엇, 「J. 알프레드 프루프록의 연가」The Love Song of
J. Alfred Prufrock

이제 죄책감guilt에 대해 생각해 봅시다. 우선 신경증에 따른 죄책감이나 합당하다고 받아들여지는 죄책감과 같은 구분을 따지기에 앞서 우리가 일반적으로 가지고 있는 죄책감에 대한 개념, 전반적인 윤곽을 해 보도록 하겠습니다. 죄책감이란 도대체 무엇일까요? 무엇이 죄책감을 불러일으킬까요? 이는 자유와 밀접하게 연결되어 있습니다.

예를 들어 볼까요. 독립하려고 집을 떠나기로 한 딸이 있다고 생각해 봅시다. 그녀는 묘한 죄책감을 느낍니다. 아마도 홀로 남겨질 엄마에 대한 미안함, 혹은 부모의 품을 거부했다는 느낌 때문이겠지요. 부모가 탐탁지 않게 여기는 아이와 어울려 노는 아이, 혹은 친구 문제에 관해서만큼은 부모와 다르게 생각하는 아이 역시 이때는 죄책감을 느낍니다. 그리스도교 전통을 지배하는 저 거대한 타락 신화를 보십시오. 타락 이야기는 남자와 여자가 독립된 판단을 하겠다고 나설 때, 즉 세상을 '나'의 세상으로, 세상의 선과 악을 '나'의 선과 악으로 만들려 할 때 자동으로, 혹은 일종의 필연으로 죄책감이 생긴다고 말합니다. 달리 말하면 죄책감은 누군가 자신을 감싸고 있던 전체, 혹은 질서를 깨고 튀어 나가려 할 때 받게 되는 고발 같습니다. "네가 어떻게 우리에게 이럴 수 있니?"라며 내 가족, 내가 속한 종교 집단, 좀 더 근본적으로

는 마음의 모태가 묻습니다. 뤼시앙 레비브륄Lucien Lévy-Bruhl
이 말한 "신비로운 일체감"Participation Mystique, 모든 것이 하나
로 연결되어 아름답기만 했던 세계는 이제 막 자의식을 가지
고 제 살길을 찾아 나서는 존재를 향해 점잖은 분노와 고통
을 담아 소리칩니다. "어떻게 우리에게 이럴 수 있니? 이제
너는 혼자야. 우리가 주는 위로 없이 어떻게 살래? 이제 너는
홀로 모든 것을 생각하고 결정해야 하는 고독에 머물 거야.
어디로 갈 셈이니? 어제만 해도 모든 것을 품어 주는 거대한
생명력에 품에 안겨 잠을 청하던 네가 홀로 남겨지면 어떤
위로를 찾을 수 있겠니?"

그러므로 죄책감이란 자유가 깨고 나온 그 마음의 모태가
자유를 향해 던지는 고발입니다. 죄책감은 의식과 함께 자라
납니다. 좀 더 정확히 말하면 자의식self-consciousness과 함께 자
라나지요. 세상으로 나아가기 시작한 '독립한 나'는 자의식
이 없는 유년기에 누렸던 복된 세계가 던지는 비난의 짐을
출발선에서부터 짊어지고 있습니다. 그 세계는 외칩니다.
"이제 너는 철저히 혼자야." 따라서 가장 근본적인 죄책감은
사회의 관습을 따르지 않아서 생기는 게 아닙니다. 죄책감은
내가 '전체의 일부'로 머물지 않고 자유로운 존재로서 행동
한다는 사실 자체에 깃들어 있습니다. 전체가 가하는 비난의

핵심은 불순종이 아니라 독립입니다. 그러한 면에서 죄책감과 외로움은 구분하기 어렵습니다.

그렇다면 우리 내면에 새겨져 있는 이 고발을 어떻게 다루어야 할까요? 인간은 이 고발에 영향을 받지 않을 수 없으며 피해 갈 수도 없는 것처럼 보입니다. 우리가 보통 취하는 방식은 그 고발이 묘사하는 '나의 모습'을 그대로 인정하는 것입니다. 그러고는 이렇게 말하지요. "젠장, 그래도 난 내 갈 길 갈 거야." 우리는 죄책감을 안고서라도 기어이 홀로 서기로, 자기 일에 매진하기로 합니다. 이때 '나'는 '마음의 모태'가 나의 독립을 두고 퍼붓는 평가, "불결하다"는 평가를 받아들입니다. 폴 리쾨르Paul Ricoeur가 악이라는 개념에 있어 매우 중요하다고 보았던 '오염'이라는 특징이 바로 이 지점에서 발생합니다. 자기 자신을 우스꽝스럽게 부풀리고 건방지며 독립한 작은 '나'와 하늘과 땅으로 이루어진 거대한 세계를 대조해 보면 '나'는 더러운 존재로 보입니다. 나 한 사람이 남긴 흔적은 우주에게 흠집이 됩니다. 진보주의자들이 그토록 비웃는 '성은 더러운 것'이라는 해묵은 관념은 도대체 어디서 왔을까요? 성기와 배설 기관이 가까이 있고 일부 겹쳐 있기 때문이었을까요? 아닙니다. '더럽다'라는 낙인은 성이 철저히 '나만의 것'이라는 자의식과 뒤엉켜 떼려야 뗄 수 없게 된 데서 옵니다. 거의 모든 문화권에서 남녀가 성기를 가리는 이유는 성기 자체가 부끄러워서가 아니라 그것이 온전히 '그의 것', 혹은 '그녀의 것'이기 때문입니다(그래서 우리는 그곳을 '사적인 부위'라 부르기도 하지요). 인간의 모든 경험 중 유독 성과 관련된 경험이 죄책감으로 가득한 이유도 여기에 있습니다. 성이야말로 보편적인 생명력과 이제 막 자의식을 가지고 생명의 모태에서 벗어난 개인이 가장 격렬하게 충돌하는 지점이기 때문입니다. 인간의 성행위는 거대한 자연의 생명력과 과감하게 결별하는 사건이며 의식을 지닌 인간이 우주의 매끄러운 표면에 내는 흠집입니다. 성행위는 인격이 없는 자연의 생명력을 지극한 개인의 차원으로 가져와 독창적으로, 모험을 감수하는 방식으로, 때로는 기괴하고 도착적인 방식으로, 때로는 아름다운 방식으로 변주해 내는 일입니다.

요컨대 죄책감이란 인간이라는 동물이 마음의 모태가 퍼붓는 고발을 받으면서도 그 고발이 묘사하는 자신의 '불결한' 모습을 그대로 시인한 채, 그럼에도 불구하고 기어이 자기 행동을 멈추지 않고 밀고 나아가는 상태입니다. 이렇게 보면 죄책감이 자유와 얼마나 밀접하게 얽혀 있는지 알 수 있습니다.

죄책감의 구조는 세 가지로 이루어져 있습니다. 첫째는

우리가 떠나온 옛 세계(모태)가 우리의 자유를 탐탁지 않게 묘사할 때 그 묘사를 우리의 자유로 받아들이는 것, 둘째는 그 부정적인 묘사를 짊어진 채 독립을 고집하는 것, 셋째는 고발 그 자체입니다. 죄책감은 고발-인정-고수로 이루어져 있습니다. 우리는 우리를 낳고 길러 준 옛 세계의 고발을 짐처럼 짊어지고 새로운 자유의 세계로 걸어 들어갑니다. 우주는 겁 없이 튀어 오른 인간에게 묻습니다. "너 지금 뭐 하는 짓이니?" 이는 유치원 교사가 아이를 혼내는 장면을 떠올리게 합니다. 교사는 아이에게 묻습니다. "왜 그런 짓을 했니?" 그러면 아이는 답합니다. "그냥 하고 싶어서요." 그러면 교사는 말하겠지요. "너는 언제나 네가 원하는 대로만 하니?" 이처럼 개별적인 인간이 의식을 가지고 하는 행동의 중심에는 언제나 사사로운 도둑질, 전체 중 나의 몫을 따로 챙기려는 속성이라는 낙인이 있습니다. 전체가 그런 낙인을 찍지요. 가족이나 종교 공동체가 그곳을 떠나는 사람을 비난할 때는 바로 이 원형 구조가 작동합니다. 떠나는 자를 향해 공동체가 가지 말라고 항의하고 그로 인해 서로 상처를 주고받는 과정은 시간의 흐름 속에서 펼쳐지는 사건입니다. 이것이 죄책감의 역사적 차원을 이룹니다. 반면 그 과정이 다 지나간 뒤에도 마음에는 고발-인정-고수라는 세 가지 뼈대가 자리 잡고 버티고 있지요. 이것이 죄책감의 구조적 차원을 이룹니다.

인류가 감당해야 할 죄책감은 단순히 과거에 저지른 흉악한 범죄에 대한 기억 그 이상입니다. 죄책감은 분노한 우주가 자의식을 가지고 인간이 하는 활동 전체에 색채를 입히는 일입니다. 따라서 어떤 사람이 이성의 관점에서 나쁜 짓을 했든 안 했든 상관없이 원초적인 죄책감이 그 일에 앞서 존재하며 결국 모든 행동을 물들입니다. 그렇기에 다른 사람이 그의 잘못을 용서할 수 있지만 그 용서는 이 단단한 죄책감이라는 암초에 부딪혀 좌초하고 맙니다.

이러한 성찰은 우리의 탐구를 한 걸음 더 깊은 단계로 이끕니다. 의식을 가진 내가 어떻게든 전체 세계와 맞서는 반역자라면, 내 스스로 저지른 행위의 결과물이라면, 전체로부터 몰래 빼내 온 장물 그 자체라면, 스스로 고안해 낸 사적인 발명품이라면, 일종의 오염물이자 우주에 난 흠집이라면 나는 어떻게 받아들여질 수 있을까요? 스스로 잘라내어 나왔고 어떤 면에서는 나라는 존재 자체가 '잘려 나온' 결과물인데 어떻게 저 전체 속으로 다시 환대받으며 들어갈 수 있겠습니까? 그러므로 죄의 용서는 근본적으로 죄의 용서를 받아들이는 문제입니다. 이를 두고 폴 틸리히Paul Tillich는 받아들여겼음을 받아들이는 것이라고 말한 바 있지요. 홀로 남게 된 마음이 누군가의 포옹을 받아들이기란 매우 어렵습니다. 이를테면 중년의 독신 남성이 사랑을 시작하기 어려운 이유를 생각해 봅시다. 그가 겪는 어려움은 단순한 성격 문제가 아닙니다. 우리 내면에 굳어 있는 죄책감의 구조가 그의 인생 위에서 실제로, 생생한 극으로 펼쳐지기 때문입니다. 앞서 이야기한 삼중 구조에 하나를 더한 사중 구조가 그의 삶을 가로막고 있습니다. 고발-인정-고수, 그리고 결정적으로 자신이 받아들여질 리 없다는 체념이지요.

그리스도교 신앙은 죄책감에서 비롯된 이야기의 정점에 죄 없는 한 사람, 곧 예수를 놓습니다. 이는 예수에게 어떤 죄책감도 없었다는 뜻일까요? 개인의 의식이 생겨날 때 자연스럽게 따라붙는, 저 근원적인 죄책감조차 없었다는 뜻일까요? 그렇다면 우리는 예수의 의식을 어떻게 이해해야 할까요? 적어도 지금까지 이야기한 바에 따르면, 죄책감 없는 인간의 의식은 상상하기 어렵습니다. 우리의 경험이나 역사, 문학 그 어디에서도 그 예시를 끌어올 수 없습니다(그리스도교 성인도 마찬가지입니다). 예수에게서 보이는 불가사의한 특징, 즉 인간의 의식을 지녔으면서도 죄책감이 없다는 사실은 또 다른 불가사의한 특징과 짝을 이룰 때 비로소 설명이 됩니다. 바로 절대자와 나누는 친밀함입니다. 예수께서 하느님과 누리셨던 이 친밀함은 인류 역사 속 다른 위대한 종교 지도자들이 겪은 종교 체험과는 완전히 차원이 다릅니다. 다른 이들이 하느님을 찾아가는 과정이었다면 예수께서는 이미 하느님과 하나 된 상태였으니까요. 다시 말해 예수에게서 '전체에 맞서 자신을 방어하려는 태도'를 찾아볼 수 없다는 사실은 동전의 한 면일 뿐입니다. 다른 한 면은 전체에 의해 받아들여진다는 완전한 확신입니다. 이는 두말할 필요도 없이 자의식이 생기기 전 행복한 동물들이 누리는 방식과는 다릅니다. 예수는 아담 이전의 원시인이 아닙니다. 그분은 과거가 아니라 미래에 속해 있습니다.

예수께서는 바로 이러한 의식을 지니셨기에 만인의 죄가 용서받았음을 선포하셨습니다. 어떤 면에서는 선포하지 않으실 수 없지요. '거절당했음을 인정한다는 것'이 무엇인지 전혀 모르는 의식 안에서 그분은 받아 주시는 하느님만을 아십니다. 그리고 그 하느님은 언제나 용서하시는 분이라고 선포하십니다. 예수의 죄책감 없는 의식은 하느님의 용서하시는 사랑에 대한 그리스도교의 확신의 원천이자 토대입니다. 그러므로 '우리 주 예수 그리스도의 하느님이자 아버지'와 '만물에 사랑을 베푸는 자'는 개념상 동의어입니다. 예수에게 하느님께서 독특한 방식으로 현존하셨기에 예수께서는 하느님의 용서를 선포할 수 있었습니다.

물론 우리 인간과 '죄 없이 우리를 받아 주시는 분' 사이의 상호작용은 복잡합니다. 죄책감에서 완전히 자유로운 존재, 심지어 근원적인 죄책감조차 없는 존재는 '나'에게 끔찍한 고발로 다가오기 때문입니다. 그는 내가 한 인간으로서 쌓아 올린 구조물 전체가 죄로 얼룩져 있음을 깨닫게 합니다. 그분 앞에 서면 내 삶은 철저하게 해체되어 버립니다. 죄가 섞인 독립을 통해 층층이 쌓아 올린 '나'라는 복합적인 실체가 적나라하게 드러나는 것이지요. 나는 물론 모든 사람이 유일한 삶의 방식이자 성장의 길이라고 믿은 것에 대해 예수께서는 전혀 다른 대안으로 서 계십니다. '나'는 그분의 현존 앞에서 당혹감에 휩싸입니다. 그분이 현존하심으로써 전하는 이야기는 분명합니다. 마음의 모태가 내 자유를 향해 쏟아내는 고발은 사실 아무런 근거가 없다는 것, 그리고 그 고발을 받아들여 죄책감이라는 낙인이 찍힌, 자의식을 지닌 나의 삶이 실상은 우주에서 가장 아름다우며 하느님께서 기꺼이 받아들일 만하다고 여기시고 실제로 받아 주신다는 것입니다. 이렇게 예수의 현존은 '나의 삶'을 해체합니다. 이는 다름 아닌 우리를 찾아 헤매는 사랑의 손길이 빚어낸 결과입니다. 하지만 내가 과연 이를 사랑으로 느낄 수 있을까요? 사랑의 손길로 감지할 수 있을까요? 아닙니다. '나'는 처음에 그 손길을 위협으로만 느낍니다.

여기에 역설이 있습니다. 죄 없는 분의 현존은 내 죄책감을 고발합니다. 오랫동안 잊었었고 애초에 거의 인식할 수도 없었던 죄책감까지 일깨우지요. 그러면서도 죄 없는 분께서 전하는 메시지는 그런 나에게 죄가 없다는 것, 다시 말해 내 자유를 향한 고발이 사실은 조작되었으며 내가 이를 잘못 받아들였다는 것입니다. 이러한 역설을 해결하려면 역설이 일어나는 차원을 넘어서야 합니다. 앞서 분석했듯 죄책감은 내가 쌓아 올린 '나'를 지탱해 주는 시멘트 그 자체이기 때문입니다. 죄책감이 완전히 사라지고 나를 긍정하며 쌓아 올린 자아가 완전히 박탈당한다면 나는 무너져 죽고 말 것입니다. 유일한 해결책은 하느님께서 나를 받아들이셨음을 받아들이기 위해 겪어야 하는 그 죽음을 그분이 나 대신 겪는 것뿐입니다. 그분께서 옛 세상의 죽음을 대신 맞이하셔야 합니다. 그분께서 무너져 내리셔야 합니다. 죄인인 인간에게 하느님의 받아 주심을 내미시는 그분의 사랑은 그분 자신에게 죽음으로 되돌아와야 합니다.

이제 바울의 구원론에서 가장 심오하고 난해한 지점, 그래서 너무나 쉽게 오해하기 쉬운 특징들을 이해할 수 있습니다. 바로 (1) 예수의 죽음을 대속으로 이해하는 것, (2) "하느님께서 우리를 위하여 그분을 죄가 되게 하셨다"는 강렬한 선언, (3) 예수를 '옛 이스라엘을 온몸에 짊어진 화신'으로 보는 심상입니다. 이제 우리의 죄책감이 예수에게로 전가되는 결정적인 지점이 보입니다. 그 지점에는 기쁜 소식을 전하는 자를 그 소식의 첫 번째 희생자로 만들어 버리는 논리가 있습니다. 그리고 우리는 그 희생자 안에서, 희생자를 통해 우리의 평화를 찾습니다.

예수의 죽음을 통해 그분을 '나를 비난하는 고발자'로 여기던 우리의 인식은 녹아내리고, '나를 받아 주시는 분'이라는 참된 인식으로 넘어갈 수 있게 됩니다. 앞서 보았듯 '고발'이라는 형태 속에 갇힌 '받아 주심'의 메시지, 이 역설을 푸는 열쇠는 그분의 죽음뿐입니다. 그러나 이 새로운 인식을 얻게 되는 것은 오직 부활하신 예수를 체험할 때뿐입니다. 부활하신 예수의 생명은 하느님께서 '받아 주심을 거부하는 인간'을 받아 주신다는 역설의 유일한 탈출구인 죽음이 실은 '하느님께서 받아들이신 인간'이라는 참된 생명으로 이어지는 문임을 보여 줍니다. 부활이 완성하는 죽음은 단순한 죽음이 아닙니다. 그것은 옛 자아의 죽음입니다. 더 정확히 말하면 하느님께서 인간을 받아 주실 때 인간의 '죄 섞인 자유'가 필연적으로 겪어야만 하는 죽음입니다. 동시에 이 받아 주심을 선포하신 분(예수)께서 기꺼이 짊어지신 죽음이기도 합니다. 그 죽음은 죄인을 향한 하느님의 사랑을 선포했던 죄 없는 선포자에게 붙여진 두 번째 이름이기도 합니다. '폭력적인 죽음의 희생자'라는 이름 말이지요. 내 죄책감을 예수에게 전가하는 원리가 역사에서는 끔찍한 폭력으로 나타납니다. 우리는 십자가에서 '우리를 고발하는 자'를 죽였습니다. 그러나 부활 안에서, 부활을 통해 우리는 '우리를 사랑하는 자'를 만납니다.

상징의 눈으로 보면 십자가에서 흐르는 피는 죄책감으로 얽인 삶에서 흘러나온 피입니다. 그 죄책감은 자의식을 지닌 인간을 구성하는 가장 오래된 재료입니다. 주님의 수난과 죽음은 단순히 육체의 죽음이 아닙니다. 인간의 자의식이 형성되는 가장 깊은 밑바닥에서부터 촘촘히 조립된 고발, 인정, 고수, 그리고 받아들여질 리 없다는 체념이라는 견고한 뼈대를 완전히 허물어뜨리는 사건입니다. 부활은 그 무너진 자리에 선, 이전과는 차원이 다른 완전한 대안입니다.

첨언

여기서 제가 힘주어 말하고 싶은 내용은 이것입니다. 우리가 흔히 말하는 도덕적 죄책감, 즉 윤리의 규칙을 어길 때 느끼는 죄책감이라는 틀은 그리스도교가 이야기하는 구원의 복음을 제대로 담아내지 못합니다. 이해할 수도 없지요. 구원을 온전히 이해하려면 우리는 훨씬 더 뿌리 깊은 죄책감을 들여다보아야 합니다. 이는 철저한 외로움, 쓸쓸함과 닮아 있습니다. 이 상태는 하느님의 받아 주심을 가로막습니다. 좀 더 정확히 말하면 그분을 밀어내게 합니다. 안타깝게도 그동안 신학자들은 이 문제에 거의 주목하지 않았습니다. 기억을 더듬어 보아도 쇠얀 키에르케고어Søren Kierkegaard가 남긴 강렬한 몇 마디, 『의식의 기원과 역사』The Origins and History에서 에리히 노이만Erich Neumann이 보여 준 몇몇 예리한 관찰 정도가 떠오를 뿐입니다. 한 가지 더 언급하면 막스 셸러Max Scheler가 제시한 원한 감정ressentiment이 있습니다.* 철학자가 인간 내면을 들여다본 결과물 중 가장 소름 끼치고 끔찍한 통찰인 이 개념은 본질상 원초적인 죄책감이 타인의 자유를 마주했을 때 보이는 병적 반응이라 할 수 있습니다.[2]

---

* 막스 셸러가 주창한 개념. 니체의 철학을 전유한 것으로, 현대 사회의 비교와 경쟁으로 인해 참된 가치를 추구하다가 좌절한 개인이 느끼는

죄책감과 죄

앞서 저는 원초적 죄책감에 대해 이야기했습니다. 이 죄책감은 인간이 자유를 얻는 순간 생겨나며 '나'를 품고 있던 모태가 나를 내보낼 때 내 등 뒤에 퍼붓는 고발이자 비난입니다. 이는 분명 죄와는 구별되어야 합니다. 죄책감은 무언가를 위반해서 생기는 감정이 아니라 홀로 서는 과정에서 발생하는 감정이기 때문입니다. 여기서는 이 원초적 죄책감이 죄와 어떻게 구별되면서도 연결되는지 살펴보도록 하겠습니다.

먼저 죄를 정의해 봅시다. 죄란 '나'의 독립성을 타인이나 사회를 해치는 방식으로 행사하는 것입니다. 그렇다면 원초적 죄책감과 죄는 어떤 관계를 맺고 있을까요. 핵심은 이렇습니다. 우리 마음 밑바닥에 깔린 '나는 죄책감을 안고 홀로 선 존재야'라는 감각이 죄를 짓는 일을 아주 자연스러운 일로 여기게 만든다는 것입니다. '어차피 인생은 혼자야. 철저히 혼자인데, 나를 위해 좀 더 나간들 어때? 끝까지 가보자

분노와 질투가 누적된 상태를 의미한다. 니체는 이러한 가치 전도 상태의 결과물이 그리스도교라 비판한 반면, 셸러는 원한 감정의 상태를 그리스도교를 통해 극복해야 한다고 보았다.

2 Max Scheler, *Ressentiment* (Milwaukee, WI: Marquette University Press, 1994).

고.' 죄를 짓는 사람의 눈에는 그 행위가 지닌 끔찍한 파괴성이 보이지 않습니다. 그는 자신의 행동이 질서를 깨뜨린다는 사실을 인식하지 못합니다. 그저 나라는 존재가 좀 더 본성을 따라 확장된 것처럼 보일 뿐이지요. 그에게 죄는 질서를 파괴하는 행위가 아니라 나라는 존재의 분위기에 딱 들어맞는 행위로 다가옵니다. 달리 말해 죄인은 기존의 질서를 '자신의 자유를 실현하기 위해 깨뜨려야 할 답답한 껍질' 정도로만 여깁니다.

피터 반 브레멘Peter Van Breemen은 『쪼개진 빵』As Bread That Is Broken에서 밧세바와 관련하여 다윗이 범한 죄를 탁월하게 분석했습니다. 사건의 시작은 이렇습니다. 활달한 전사이자 왕인 다윗은 몸과 마음이 달아올라 잠을 이루지 못하고 서성거립니다. 반 브레멘에 따르면 여기에는 아무런 잘못이 없습니다. 당연한 말이지요. 이는 지극히 평범한 자의식 상태, 세상이 오직 나를 위해 돌아간다고 느끼는 자기중심의 상태일 뿐입니다. 그때 다윗은 평범한 인간이라면 누구나 마음속에 품고 있는, 죄책감이 은밀하게 배어 있는 사적인 고독의 세계에 있습니다. 하지만 바로 이 지점이 이후에 일어날 모든 끔찍한 일들을 정당화하는 토대가 됩니다. 이어서 다윗은 목욕하는 여인을 봅니다. '뭐 어때? 나는 남자잖아. 게다가 왕이라고.' 일이 꼬리에 꼬리를 뭅니다. 이제 다윗에게 간음은 죄가 아니라 아름다운 쾌락으로 다가옵니다. 다윗의 의식에서, 처음에는 소박했던 '나를 위한 나'는 이제 쾌락의 강물로 확장되어 흐릅니다. 자신을 합리화하는 이 맥락은 점점 더 커지고, 아름다워지고, 모든 것을 집어삼킬 듯 강력해집니다. 다윗에게는 전장에 있는 충신 우리야를 불러내 전황을 보고받는 척 연기하는 일이 너무나 자연스럽게 느껴집니다. 우리야를 아내와 동침하게 만들려는 시도가 실패로 돌아가자 다윗의 내면에서 시작된 극은 점점 확장됩니다. 이제 요압을 끌어들여 전술상 불필요한 위험을 감수하면서까지 우리야를 제거하는 일마저 다윗에게는 자연스러운 일로 다가옵니다. 요압은 다윗이 군인으로서 이 불필요한 위험을 감수한 작전에 대해 불같이 화를 낼 것임을 예견합니다. 단, 우리야가 전사했다는 소식을 듣기 전까지만 말이지요. 그리고 사태는 정말로 요압이 내다본 그대로 (화를 내다가 소식을 듣고 멈추는 쪽으로) 흘러갑니다.

이제 다윗은 자신이 만든 자기 정당화의 흐름에 너무 깊이 얽혀 있어서 자신이 무슨 일을 했는지 전혀 알지 못합니다. 그래서 예언자 나단은 다윗이 빠져 있는 이 주관성의 바다에서 죄만 끌어올리기 위해 우회로를 활용합니다. 그는 다윗에게 그 끔찍한 실체, 즉 '남의 아내를 차지하려고 그녀의 남편을 죽인 이야기'를 직접 말하는 대신 '가난한 사람의 하나뿐인 어린 양을 빼앗은 부자 이야기'를 들려줍니다. 이 비유를 통해 다윗은 자신의 주관적인 정당화로 채색되지 않은 '죄의 행위'를 마주하게 됩니다. 그러자 그는 즉시 의분에 차서 부들부들 떱니다. 그때 나단은 결정타를 날립니다. "그 사람이 바로 당신입니다."

여기서 강조하고픈 것은 다윗을 둘러싼 정당화의 맥락입니다. 그리고 이 정당화가 가능한 이유는 그 바탕에 근원적 죄책감이 깔려 있기 때문입니다. 우리 내면 어딘가에는 '어차피 인생은 혼자야'라고 속삭이는 소리가 있습니다. 아주 희미하지만 '나는 어차피 규칙 밖으로 밀려난 존재'라는 이 원초적 감각이 악한 행동의 토대가 됩니다. 이 감각은 악행을 저지를 때 그 행동을 더욱 거창하고 아름답게 포장해 주지요. 내가 매우 끔찍하고 사악한 행동을 저지르려 할 때마다 찾게 되는 자아는 이미 선을 넘은 상태이며 그 상황을 즐기고 있습니다. 살인이나 간음 같은 명백한 범죄와 비교하면 이런 원초적 죄책감은 아무런 죄가 없어 보입니다. 하지만 일단 내면에서 이루어지는 의사결정에 이 죄책감이 끼어드는 순간 이 감정은 실제 범죄극을 이끌어 가는 가장 강력한 주연으로 돌변합니다.

　도덕주의자들은 큰 죄가 아주 사소한 일에서 시작된다는 사실에 흥미를 느끼면서도 곤혹스러워합니다. 그래서인지 핵심을 놓치지요. 그들은 그 사소한 시작을 악으로 기우는 성향이라 부르며 우리의 죄성을 경계하라고 가르칩니다. 물론 그들의 가르침에는 실제로 적용할 수 있는 상식이 반영되어 있습니다. 그럼에도 핵심을 놓치고 있다는 사실은 바뀌지 않습니다. 핵심에 다가가려면 이 과정의 기묘한 성격을 이해해야만 합니다. 우리는 명백한 의식을 가지고 악행을 저지르지 않습니다. 어느 순간 정신을 차려보니 남에게 해를 끼치고 있다는 사실을 발견하게 되지요. 사도 바울이 로마인들에게 보낸 편지에서 탄식했듯 말입니다(도덕 교과서에서 이런 통찰은 정말 보기 드물지요). 우리가 악을 저지르면서도 스스로 의아해하는 이유는 우리의 의식이 작동하는 그 기묘한 토대 때문입니다. 그 토대(원초적 죄책감)는 딱히 해로울 것이 없어 보입니다. 하지만 그 죄책감은 어느 순간 악한 행동을 정당화하거나, 적어도 자신의 눈에 악이 별일 아닌 것처럼 보이게 만드는 무한한 힘을 지니게 됩니다. 무해해 보이는 죄책감과 파괴적인 죄가 이루는 양극 구조 때문에 우리는 곤혹스러워하는 것입니다.

이는 죄에 담긴 악을 완화하거나 감추려는 것이 아닙니다. 정반대입니다. 죄의 참된 본성을 직시하자는 이야기지요. 죄는 흔히 말하듯 '하느님에 대한 반역'이 아닙니다. 그보다는 고립되고 소외된 인간이 자기 자신과 나누는 기묘한 대화에 더 가깝습니다. 죄는 나의 고립을 확정하고 이를 지극히 정상적인 상태로 만드는 것입니다. 이런 면에서 한나 아렌트Hannah Arendt가 나치 전범 아이히만 재판을 보고 쓴 '악의 평범성'the banality of evil이라는 표현은 매우 적절합니다. 감수성이 부족한 이들은 나치의 만행을 '극악무도함'과 같은 최상급 형용사로만 묘사하려 하지만 그녀는 두려움 없이 악의 본질을 꿰뚫어 보았습니다. 인간의 무신성godlessness은 하느님에 대한 반역이 아니라 말 그대로 하느님이 없는 상태God-less-ness입니다. 자유가 시동을 걸 수 있는 유일한 조건, 오직 나를 위해 존재하는 나라는 독특한 상태 말이지요. 인간은 이렇게 '하느님 없이' 시작합니다. 바로 이 지점을 깊이 파고들 때 우리는 그리스도교 신학의 가장 거대한 역설을 마주하게 됩니다. 하느님께서 인간을 타락하도록 창조해 놓으시고 다시 구원하시는 것처럼 보이는 기이한 역설 말이지요.

도덕주의자들은 죄를 저지르는 토대(원초적 죄책감)를 악행의 관점에서 해석하려 한다는 데 문제가 있습니다. 오히려 그 반대로 보아야 하는데 말이지요. 그들은 악행을 추적해 올라가면 그 끝에 어떤 작은 악행이나 악의 축소판이 있을 거라고 착각합니다. 하지만 정반대로 가야 합니다. 죄책감이란 사실상 외로움과 유사하다는 성격, 이 토대의 기묘한 성격을 붙들고 씨름해야 합니다. 물론 이 길은 훨씬 다루기 어렵습니다. 그러나 오직 이 길을 통해서만 우리는 윤리의 차원을 넘어 신학의 차원으로 문을 열고 들어갈 수 있습니다.

논의를 한 단계 더 밀고 나아가 봅시다. 앞서 죄를 쉽게 범하게 만들고 의식에서 죄를 정당화할 수 있게 해 주는 그 원초적 죄책감은 동시에 '나는 절대 용서받을 수 없다'는 느낌을 만들어 냅니다. 내가 죄를 짓기 위해 슬그머니 의지했던 그 '철저하게 혼자 됨'은 이제 내가 용서를 바라지 않는 숨은 이유가 됩니다. 가령 어떤 사람이 살인을 저질렀다고 가정해 보지요. 그는 입으로는 "어떻게 살인을 용서받을 수 있겠어?"라고 말할지 모릅니다. 하지만 그가 정말로 하고 싶은 말은 '어떻게 나 같은 인간, 그런 짓을 저지른 '나'라는 존재가 용서받을 수 있겠어?'입니다. 이때 그의 시선이 머무는 곳은 단순히 살인 행위가 아닙니다. 죄책감에 푹 절어버린 자기 자신이라는 필터를 통해 굴절된 살인이지요. 그에게 죄란 그가 품고 있던 원초적 외로움이 살인이라는 사건을 통해 좀 더 크게 확대되어 나타난 모습입니다.

　처음에 죄는 저 원초적 죄책감 뒤에 숨어 있었습니다. 하지만 이제는 반대입니다. 원초적 죄책감이 죄 뒤에 숨어버립니다. 그리고 그 죄를 외롭고 소외된 자아를 보여 주는 전형적인 증상으로 만들어 버립니다. 처음에는 죄를 정당화해 주던 변호인이 이제는 그 죄를 드러내는 고발자로 돌변한 셈이지요. 하지만 그 고발은 진심이 담기지 않은 헛된 외침일 뿐입니다. 자신은 용서받을 수 없다고 느끼는 한, 그는 여전히 그 죄를 '나다운 모습'으로 붙들고 있는 셈입니다. 그는 여전히 외로운 자아의 눈으로 그 죄를 덧칠하고 있습니다. 이는 자신의 죄를 온전히 인정하는 것이 아닙니다. 이상하게 들리겠지만 '맙소사, 하느님, 제가 무슨 짓을 저지른 것인가요!'라고 이야기하는 것과 '그럼 그렇지, 제가 그랬습니다. 저에게 무엇을 더 기대하겠습니까?'라고 이야기하는 것은 전혀 다릅니다. 참된 죄의 고백은 전자이며 겉으로 보기에는 겸손해 보일지도 모르는 후자는 가짜입니다. 후자의 태도는 죄를 고백하는 것이 아니라 '죄인' 행세하는 것에 불과합니다. 그리고 이 연기의 진짜 목적은 원초적 죄책감이 주는 정당화의 힘을 마지막 방어선으로 삼아 '나'를 끝까지 지키는 데 있습니다. 실제로 사람들은 죄를 깨달았을 때 그런 식으로 반응합니다. 자신의 죄를 아주 열정적으로 고백하지만 그렇게 함으로써 교만과 두려움이 뒤섞인 고립 상태에 머물려 하지요. 그들은 자아가 원초적 죄책감에 푹 절여진 상태로 남아 있기를 원합니다. 그들에게 가장 두려운 일은 '나'의 참된 고향인 사랑 앞에 발가벗겨지는 것이기 때문이지요.

복음의 핵심은 바로 여기에 있습니다. 예수께서 우리 한 사람 한 사람에게서 찾으시는 것은 낯선 사랑이라는 거친 바람을 피하기 위해 마음의 모태가 짜준 죄책감이라는 옷을 뒤집어쓰고 웅크린, 겁에 질려 떨고 있는 연약한 생명입니다. 창세기의 하느님께서 우리의 벌거벗은 첫 정체성을 가려 주시기 위해 나뭇잎을 꿰매 옷을 입혀 주셨듯 우리 마음의 모태는 우리에게 죄책감이라는 옷을 입혀 보호했던 것입니다. 그러므로 복음은 우리 존재가 왜곡되었던 그 태초의 자리로 되돌아가 우리를 궁극의 목적지로 불러내는 초대입니다. 요컨대 죄의 뿌리는 우리 내면에 깃든 어떤 악의 씨앗이 아닙니다. 오히려 우주가 인간이라는 고독한 감옥 속으로 몰아넣은 '외롭고 겁에 질린 존재' 그 자체입니다.

이제 우리는 우리 자신에 대한 가장 근본적인 이해에 도달했습니다. T. S. 엘리엇이 "인간 영혼의 본질적인 병이자

힘"이라 불렸던 그 실체를 있는 그대로 받아들여야 하는 자리에 왔습니다.[3]

나라는 존재의 가장 깊은 정체성은 '자기 초월'에 있습니다. 그러므로 "나는 혼자야"라며 홀로 서려는 태도는 '나'를 긍정하는 길이 아닙니다. 오히려 부정하는 길이며 나를 부정하니 곧 하느님을 부정하는 셈이기도 합니다. 이 '자기 부정'이야말로 인간이 겪는 죄책감의 본질이며 오직 '이해할 수 없는 사랑'만이 이를 녹일 수 있습니다. 이 일은 십자가라는 처형대 위에서 우리의 이해를 뛰어넘는 방식으로 이루어졌습니다. 죄책감이라는 감옥에 갇혀 있던 '나'는 사랑으로 자유를 얻습니다. 나는 나를 찾아온 사랑, 나에게 와 내 안에서 깨어난 그 사랑으로 인해 정화되는 특별한 피조물입니다.

우리 자신을 끊임없이 '나를 넘어서는 존재'로 이해하고 그 진리를 끝까지 밀고 나아갈 때 우리는 비로소 발견하게 됩니다. '내게 다가오시는 분'과 '내 안에서 깨어나는 나'가 사실은 하나라는 것을. 밖에서 오는 사랑과 안에서 깨어나는 형상이 결국 같은 생명임을. 그리고 나를 구원하는 이 수고로운 과정이 진정 무엇을 의미하는지를.

---

3 T.S.Eliot, 'Writing of Blake', *The Sacred Wood: Essays on Poetry and Criticism* (London: Methuen & Co., 1920), 151.

후기

책을 마치며 토머스 S. 클라이스Thomas S. Klise가 쓴 소설 『마지막 서부인』The Last Western에 나오는 한 대목을 소개하려 합니다. 소설에는 '세상에 이용당하고 학대받고 완전히 망가진 이들을 섬기는 침묵의 종들'이라는 긴 이름을 가진 수도회가 등장합니다. 아래의 글은 바로 그 수도회에서 실천하는 '듣는 기도'에 대한 묘사입니다. 앞서 다룬 '자아의 극'이 생생하게 상연되는 현장이기도 하지요.

"'듣는 기도'의 목적은 기도하는 이가 일상에서 '자아'가 쏟아내는 온갖 애원과 제안을 바로 듣지 않고 거리를 두는 데 있습니다. 특히 생명을 살리는 듯한 행동을 요구할 때 더욱 거리를 두어야 합니다. 일상에서 '자아'는 자존심을 세우거나 죄책감을 덜거나 복수심에, 아니면 사랑이 말을 걸어오기 전 오래된 욕망을 채우기 위해 온갖 거짓된 행동을 부추기기 때문입니다.

참된 듣기 가운데 듣는 이는 사랑이신 분에게 자신의 영혼을 활짝 엽니다. 어떤 이들은 그분을 권능, 혹은 힘이라 부르고, 어떤 이들은 '그대'라고 부릅니다. 그분은 우리와는 전적으로 다른 분이시면서 동시에 우리의 참된 자아와 혼인을 맺으신 분입니다. 듣는 기도가 완성되는 지점은 바로 여기입니다. 일상 속 자아의 시끄러운 요구가 완전히 걷히고 나면, 진리, 사랑과 결합한 참된 나의 목소리가 들려옵니다. 그때 듣는 이는 확신하게 됩니다. 이 마음속의 목소리가 다름 아닌 사랑이신 그분의 목소리라는 사실을 말이지요. 마치 자신이 존재한다는 사실을 의심하지 않듯 이 사실도 명백하게 확신하게 됩니다." 매리언 번Marion Byrne은 다음과 같은 설명을 덧붙였다. "이 기도는 스페인의 어리석은 자들이 믿었던 거짓된 환청이나 광기와는 아무런 관련이 없다. 이 기도는 타자에게 '나'를 완전히 열어젖혀 타자가 내 안에 들어와 나와 하나가 되도록 하는 과정이다. 이렇게 나 자신과 타자가 깊은 관계를 맺게 되면 나의 말이 곧 타자의 말이 된다. 일상 속 자아는 그런 언어를 낯설어하고 이해하지 못할 수도 있다. 그러나 그 음성 안에는 부정할 수 없는 온전한 명료함이 담겨 있다. 이렇게 기도하는 이는 자신의 삶을 바쳐 희생해야 하는 상황이 오더라도, 그는 고요한 기쁨과 절대적인 확신을 가지고 그 상황을 받아들인다. 가야 할 길이 너무나 분명하게 드러나 있기에 어떠한 의심도 들지 않기 때문이다. 조금이라도 망설임이나 혼란이 있다면, 그때야말로 가장 순수한 듣기가 필요한 순간이다."

못다 한 설명을 위한 첨언

책을 마치고 나니 '사랑하는 사람'the lover에 대한 정의가 필요하다는 생각이 들었습니다. '사랑하는 사람'이란 타인이 잘 되기를 바라는 것 자체가 자신의 행복이 되고 실제로 자신의 행복이 그 바람에 있다고 온몸으로 느끼는 사람입니다. 우리가 '사랑'이라 부른 여러 경험 중에는 이러한 정의에 맞지 않는 경우가 많습니다. 예를 들어 잔뜩 분위기만 잡는 낭만적 사랑이 그러합니다. 이러한 경험들은 저 정의에 비추어 본다면 함량 미달입니다. 낭만적 사랑에 빠진 사람은 사랑이 무엇인지 아직 발견하지 못했습니다. 이는 곧 자신을 어떻게 사랑하는지 아직 모른다는 뜻입니다. '어떻게 사랑해야 하는가?' 라는 문제와 '나는 누구인가?'라는 문제는 별개의 문제가 아 닙니다. 사실 똑같은 문제입니다. 낭만적 사랑에 빠진 이는 사랑하는 행위 안에서 아직 자신을 발견하지 못했습니다. 그 에게 사랑은 자기를 잊어버리는 것, 상대와 나 자신에게 주의 를 기울이지 않는 것, 즉 스스로 선택한 몽상일 뿐입니다. 일 종의 도피이지요. 반면 타인이 꽃피우기를 바라는 상태는 내 가 나 자신과 새롭게 만나는 상태이기도 합니다. '새롭게'라는 말이 모호하게 들릴지도 모르겠습니다. 하지만 이 변화, 나를 잊은 상태에서 나를 되찾은 상태로의 전환은 결정적입니다. 이 새로운 자기 인식은 일종의 계시와 같습니다.

따라서 감정의 성숙을 거쳐 아가페 단계에 도달하는 골드 스미스Charles Goldsmith의 5단계 정서 발달 과정은 정확히 '나에 게로 돌아오는 과정', '참된 나'가 의지와 통제를 가지고 수면 위로 떠오르는 과정입니다. 이는 '사랑하는 사람'으로서 내가 반드시 겪어야 할 혼란과 막다른 골목을 통과하여 명료함에 이르는 여정이기도 합니다.[1]

채프먼 아빠스Abbot Chapman에 따르면 기도 또한 마찬가지

---

1 찰스 골드스미스Charles Goldsmith 박사의 미간행 연구 논문에서 인용.

로 '하느님께서 원하시는 것을 나도 원하기를 갈망하는' 단계에서 '하느님께서 원하시는 것을 나도 기꺼이 원하는' 단계로 나아갑니다. 이때 나의 욕망은 이미 새롭게 깨어난 의지의 통제를 받기 시작합니다. 물론 그 과정은 거의 감지할 수 없을 만큼 미세하고 혼란스럽습니다. 그러나 우리는 그 의지가 제대로 작동하기 위해서는 만물을 다스리는 초월적인 의지와 조화를 이루고 하나를 이루어야 함을 어렴풋이 알고 있습니다.

오스틴 패러Austin Farrer의 난해한 저서 『유한과 무한』Finite and Infinite에는 '욕망의 본성을 푸는 열쇠, 의지'라는 제목의 장이 있습니다. 저는 늘 이 말에 매료되곤 했습니다. 예전에는 그 의미를 알 듯 모를 듯했는데 이제 분명하게 깨달았습니다. 욕망을 단순히 무언가를 얻으려는 마음으로만 보면 그 궁극의 의미를 알 수 없습니다. 욕망의 진짜 목적은 내 마음이 어떤 상태에 도달하는 데 있기 때문입니다. 그 상태란 바로 의지를 지닌 상태입니다. 아직 내게 없는 것을 쫓아다니는 욕망과 달리 의지는 나와 상관없이 이미 존재하는 실재를 향해 '예'라고 응답하는 것입니다. 욕망이 간절히 이르고자 하는 종착지는 바로 이 복된 의지의 상태이며 이곳에 도달해서야 비로소 자신이 왜 존재했는지 그 의미를 찾게 됩니다.

언젠가 이냐시오는 "원인 없는 위로"라는 상태에 대해 이야기한 적이 있습니다. 그에게 '원인 없는 위로'란 은총을 체험하는 것입니다. 그 위로는 오직 하느님에게서만 옵니다. 제 식으로 풀자면 이 상태는 '무언가를 의지하고 있다는 사실 자체'로 행복을 느끼는 체험입니다. '의지함'이 곧 욕망의 종착역이자 목표가 되는 것이지요. 우리가 보통 생각하는 순서대로라면 욕망이 의지를 안내하고 북돋습니다. 이때 행복은 내가 욕망하는 것을 의지를 통해 얻는 것이 되겠지요. 하지만 '원인 없는 위로'의 상태에서 작동하는 더 참된 질서에서는 행복한 의지함 그 자체가 목적입니다. 이 행복은 자기 밖에서 어떤 설명도 구하지 않고 욕망하던 대상을 얻었느냐로 설명되지도 않습니다. 그렇다고 이 상태는 외부와 단절되어 소외된 채 홀로 느끼는 평안이 아니며 혼자서 잘 돌아가는 심리 상태를 말하지도 않습니다. 정반대입니다. 이 기쁨은 나와 상관없이 엄연히 존재하는 실재와 나의 의지가 하나로 맞아떨어지는 데서 나옵니다. 이 기쁨 가운데 내 의지는 스스로 계신 그분을 향할 때 진짜 의지가 되고 나라는 존재 역시 그분을 뜻하고 구하며 바라볼 때 비로소 내가 된다는 진실을 확인하게 됩니다. 이 체험을 통해 나는 깨닫습니다. 나는 내 안에 갇힌 존재가 아니라 끊임없이 나를 넘어서야만 하는 존재임을. 이는 나에 대한 정보를 하나 더 얻는 것이 아닙니다. 참된 나를 만나는 사건 그 자체입니다.

　타인과 성숙한 사랑을 나눌 때도 나는 참된 나와 만납니다. 하지만 그때는 상대가 없으면 나도 없다고 말할 수는 없습니다. 상대가 사라져도 나를 지탱해 줄 나라는 실체는 여전히 남기 때문이지요. 그러나 이냐시오가 묘사한 저 체험, 곧 하느님과 의지가 맞아떨어지는 체험은 다릅니다. 거기서 나는 압니다. 그분 밖에서 나는 아무것도 아님을, 이 관계를 떠나서 나라는 존재는 성립되지 않는다는 진실을 말이지요. 사랑하는 사람의 정의를 곱씹어 보면 왜 근본적인 용서를 체험하는 것이 우리의 구원에 그토록 중요한지 알 수 있습니다. 오직 그 용서를 통과해야만 우리라는 존재가 처한 비루한 현실을 있는 그대로 껴안고 사랑하는 사람으로 다시 태어날 수 있기 때문입니다. 다른 길은 편법에 불과합니다. 죄가 죽고 그리스도와 함께 부활해야 할 존재는 태곳적부터 죄책감에 푹 절어 있는 나 자신입니다.

| 세바스천 무어 저서 목록 |

· **God is a New Language** (London: Darton, Longman & Todd, 1967)

· **No Exit** (London: Darton, Longman & Todd, 1968)

· **Before the Deluge** (London: Darton, Longman & Todd, 1968)

· **The Experience of Prayer** (London: Darton, Longman & Todd, 1969)

· **The Crucified Jesus Is No Stranger** (London: Darton, Longman & Todd, 1977, New York: Paulist Press, 1993, 2018(개정판)) 『십자가에 달린 예수는 낯선 이가 아니다』(비아).

· **The Fire and the Rose Are One** (London: Darton, Longman & Todd, 1980)

· **The Inner Loneliness** (London: Darton, Longman & Todd, 1982)

· **Let This Mind Be in You: The Quest for Identity Through Oedipus to Christ** (New York: Paulist Press, 1985)

· **Jesus the Liberator of Desire: An Essay in the Redeemed Imagination** (London: Darton, Longman & Todd, 1989)

· **The Contagion of Jesus: Doing Theology as if It Mattered** (London: Darton, Longman & Todd, 2007)

· **The Body of Christ: The Shudder of Blissful Truth** (London: Darton, Longman & Todd, 2011)

· **Remembered Bliss: A Book of Spiritual Sonnets** (London: Darton, Longman & Todd, 2014)

십자가에 달린 예수는 낯선 이가 아니다
- 혐오의 시대에 십자가를 마주한다는 것의 의미

초판 1쇄 │ 2026년 2월 27일

지은이 │ 세바스천 무어
옮긴이 │ 권헌일

발행처 │ ㈜룩스문디
발행인 │ 이민애
편 집 │ 민경찬
검 토 │ 김준철 · 손승우 · 최자혜
제 작 │ 김진식 · 김진현
디자인 │ 민경찬 · 손승우

출판등록 │ 2024년 9월 3일 제301-2024-000093호
주 소 │ 서울특별시 중구 세종대로19길 16 1층 001호
주문전화 │ 010-3320-2468
이메일 │ luxmundi0901@gmail.com(주문 관련)
       viapublisher@gmail.com(편집 관련)

ISBN │ 979-11-994376-9-2 (03230)

* 값은 뒤표지에 있습니다. 잘못된 책은 구입하신 곳에서 바꾸어 드립니다.